图画通识丛书
A Graphic Guides

启蒙运动

Introducing Enlightenment

劳埃德·斯宾塞（Lloyd Spencer）／文
安杰伊·克劳泽（Andrzej Krauze）／图
理查德·阿皮尼亚内西（Richard Appignanesi）／编
盛　韵／译

三联书店

图书在版编目（CIP）数据

启蒙运动 /（英）斯宾塞文；（英）克劳泽图；盛韵译. —北京：生活 · 读书 · 新知三联书店，2016.2（2025.5 重印）
（图画通识丛书）
ISBN 978-7-108-05138-7

Ⅰ. ①启… Ⅱ. ①斯… ②克… ③盛… Ⅲ. ①近代哲学－启蒙运动－欧洲－18 世纪－通俗读物 Ⅳ. ① B504-49

中国版本图书馆 CIP 数据核字（2014）第 260464 号

责任编辑　樊燕华
装帧设计　朱丽娜　张　红
责任印制　卢　岳
出版发行　生活 · 讀書 · 新知 三联书店
　　　　　北京市东城区美术馆东街 22 号
邮　　编　100010
网　　址　www.sdxjpc.com
图　　字　01-2019-1739
经　　销　新华书店
排版制作　北京红方众文科技咨询有限责任公司
印　　刷　河北松源印刷有限公司
版　　次　2016 年 2 月北京第 1 版
　　　　　2025 年 5 月北京第 4 次印刷
开　　本　787 毫米 × 1092 毫米　1/32　印张 5.75
字　　数　93 千字
印　　数　14,001－17,000 册
定　　价　28.00 元

（印装查询：010-64002715；邮购查询：010-84010542）

目　录

要有光……

启蒙运动是 18 世纪贯穿欧洲的知识潮流。它以巴黎为中心，从欧洲一直蔓延到北美殖民地。作家和思想家的广泛联系使得 18 世纪具有显著的智性连贯性。

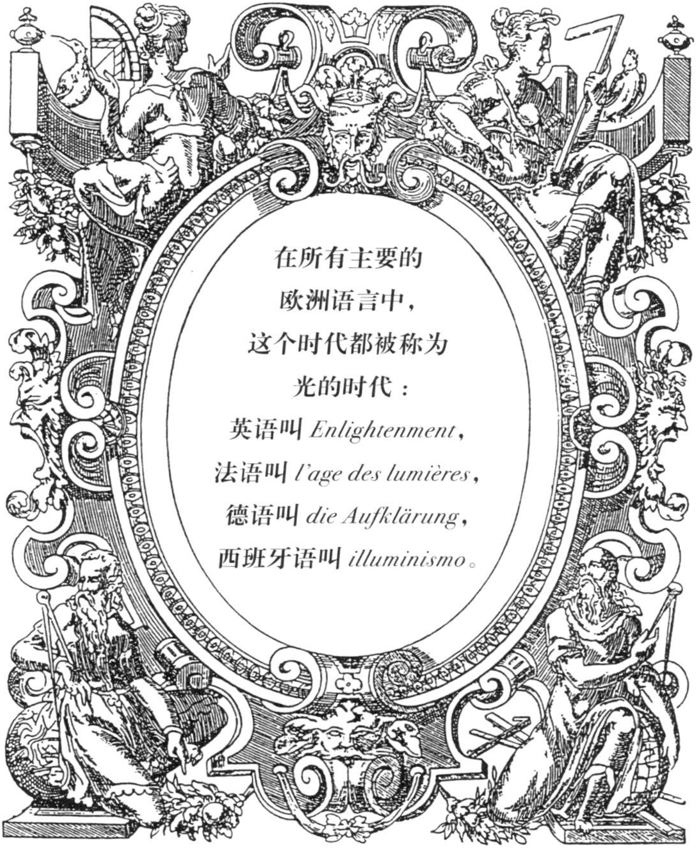
在所有主要的
欧洲语言中，
这个时代都被称为
光的时代：
英语叫 *Enlightenment*，
法语叫 *l'age des lumières*，
德语叫 *die Aufklärung*，
西班牙语叫 *illuminismo*。

启蒙运动中的知识分子都认为自己参与了一次伟大的运动，代表了人类的最高志向和可能性。他们是改革者，相信这一运动的目标可以通过逻辑论证、批评和辩论来实现。

专制君主们的光芒

在法国，专制君主**路易十三**（1601—1643）、**路易十四**（1638—1715，也称“太阳王”）、**路易十五**（1710—1774）和**路易十六**（1754—1793）的统治使得巴黎成为世界的文化之都，同时也为法国启蒙运动的改革热情提供了观众和目标。

启蒙运动说着法语，任何以法语发表的文字会立刻在全欧洲的教育阶层中传播。非法语写作的重要作品也会很快被翻译成这种通用语言。全世界的“文人”都宣称自己是法国作家的门徒。

巴黎，启蒙运动之都

不论是苏格兰的大卫·休谟和亚当·斯密，还是美国殖民地的本杰明·富兰克林和托马斯·杰弗逊，或是米兰的切萨雷·贝卡里亚，他们都承认，只有在被巴黎的沙龙接受时，他们才真正“抵达”了。

在整个欧洲大陆，宫廷社交圈和富裕资产阶级将法国视为品位的典范。

一位苏塞克斯的地主给儿子写信说：“一个懂法语的人可以周游世界，不用担心别人不理解他的话，他还可以让所有上档次的同伴觉得舒服愉快，这可是任何其他语言都做不到的。”

光明的开始

“有一道强大的光照耀世界，尤其是英格兰和荷兰这两个自由国度，如今全欧洲都向它们看齐。”1706 年 3 月 6 日沙夫茨伯里勋爵写给勒克莱尔的信中这样说。

17 世纪的大部分时间里，荷兰是欧洲最自由的国家。阿姆斯特丹收容了各式各样的自由思想家和宗教异见者。1667 年英国哲学家**约翰·洛克**（1632—1704）写了《论宽容》。他和新教密谋者们过从甚密，反对天主教国王**詹姆士二世**（1633—1701）的统治。

在鹿特丹，洛克集中撰写了主要著作《人类理解论》和《政府论》。这两本书在整个启蒙时代的激辩中占据了中心位置。

英格兰的“光荣革命”

詹姆士二世支持天主教的活动遭到了持续抵制，这导致英国议会邀请荷兰新教徒奥兰治的**威廉三世**（1650—1702）和他的英国妻子**玛丽二世**（1662—1694）取而代之。他们从荷兰起航，于 1688 年完成了不流血所以“光荣”的革命。

这决定性地确立了英国议会的至高统治权，通过了《权利法案》。其他改革措施很快使英格兰成为欧洲最开放自由的国家。《宽容法案》（1689）赋予大部分持异见的新教徒（包括贵格派等教派）以信仰自由，但不能担任公职。英国圣公会失去了宗教信仰和教育的垄断权，1695 年失去了最后一丝对媒体的控制权。

革命年代

巴黎和伦敦这两个世界性的大都市都在 18 世纪大幅扩张。但英格兰强劲的商业动力意味着伦敦发展速度更快。在 18 世纪上半叶，英格兰经历了农业革命；18 世纪下半叶，工业革命开始起步。

这些革命都试图将启蒙的原则付诸实践。

咖啡馆，社交俱乐部和新闻业

这也是公共社交的时代和新闻业灵感勃发的时代。在伦敦，咖啡馆是智识生活的焦点。到 1740 年，仅威斯敏斯特区就有超过四百家咖啡馆。新兴的英格兰银行和东印度公司也用咖啡馆交流。1691 年劳埃德咖啡馆变成了伦敦劳埃德保险公司，海运保险的中心。

洛克的“白板”

整个 18 世纪，对哲学家和非哲学家来说同样重要的书是约翰·洛克的《人类理解论》（1690）。对于几乎全部启蒙时期的思想者来说，有一条哲学原则尤其具有权威性。这就是洛克的“白板”信条，没有“先天的”想法，**所有的知识都来自于经验。**

*让我们假设人的头脑是一张白纸，没有任何性格，没有任何想法；它是如何得到了装饰呢？人们是怎样用几乎无穷无尽的变化和无边无际的想象去填满这张白纸呢？所有理性和知识的材料从何而来呢？我对这个问题的回答，只有一个词，就是**经验**。*

洛克的经验论直接针对**笛卡尔**（1596—1650）的理性主义。

*有些观念（比如上帝、心、身、三角形）的真相**只能为理性**所认识，所以被称为“先天内在的”。*

洛克的经验主义区分了两种不同类型的经验：**外在感观**和**内在反省**。

在法国，**孔狄亚克**（Etienne Condillac, 1715—1780）推广了洛克的哲学，他的《人类知识的起源》（1746）强调了感觉印象或是感官的角色。

*这种"感觉主义"被视为与**物质主义者**一致，以及与其他**哲学家**，比如拉美特利和霍尔巴哈的人类本质决定论的观念一致。*

洛克本人强调反省的功能，承认精神官能的角色。此外，他相信我们内心倾向于追求快乐避免痛苦。这些方面被孔狄亚克低估了。

自我的语言

皮埃尔·科斯特（Pierre Coste）于 1700 年翻译了洛克的《人类理解论》，他加入了一条注解，解释为何用法语的“conscience”来翻译洛克的术语“consciousness”。首先他引用了西塞罗的“conscientia”（“道德意识”、“对自我的认识”），但也承认他“转化”了法语“conscience”的“日常意义，为了赋予它一种在法语中从未有过的意义”。

英语的 consciousness... 在法语里没有对应词，在我看来，除了 ***情感（sentiment）*** *和* ***信念（conviction）*** *之外的任何词汇，都符合这一理念。*

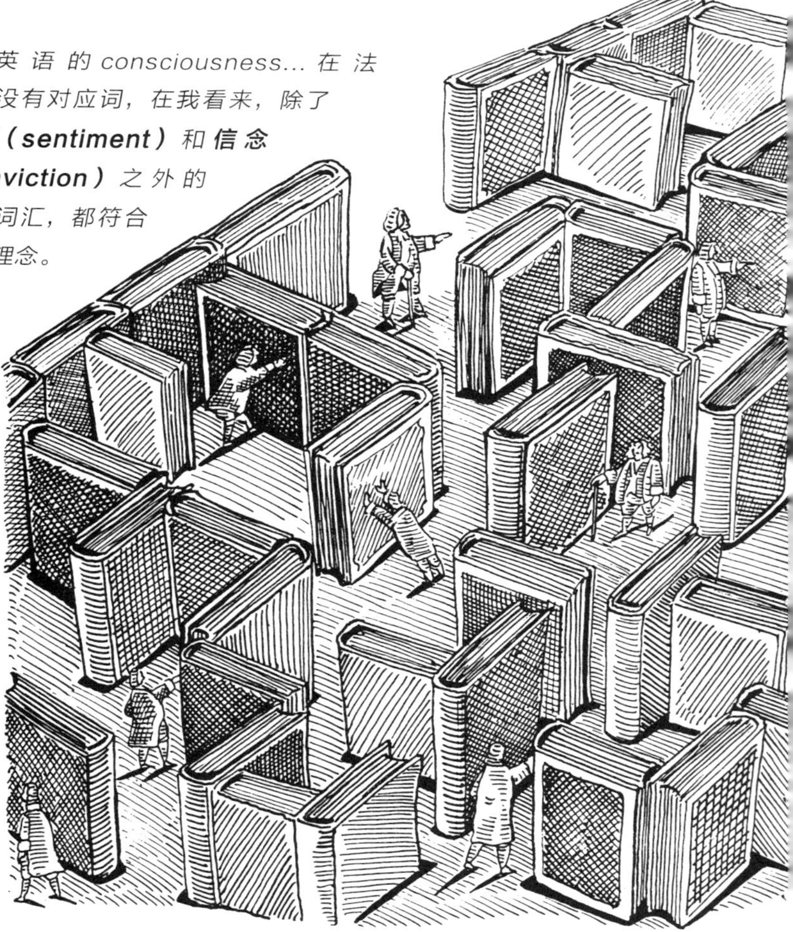

理解我们理解力的局限

曾经的几百年中，神父和忏悔者负责保存个人档案的一切领域。教会有丰富的语言来表达各种道德原则。洛克的《人类理解论》发展出了一套全新的描述人之内在的话语，大概相当于今天所讲的“心理的”领域，只不过18世纪还没有出现“心理”一词。洛克猛烈抨击了经院哲学家使用的“诘屈聱牙的含混词汇之网”，开始制定描绘内在新大陆的蓝图。

我们的理解力是有限的。让我们接受这些局限。但在承认局限的前提下，我们应让理解力发挥最大作用，去研究学习它的运作方式……我们应该观察我们的观念如何成型，观念之间如何组合，以及记忆如何保持它们。迄今为止，我们对所有这些活动都一无所知。

心理学和小说

18 世纪人对“心理”的理解，是由洛克建构的。洛克的《人类理解论》成了某类文学的源头，这类文学作品表达了“自我”对于影响或塑造它的印象意念的相关或不相关之反应。

等到**劳伦斯·斯特恩**（Laurence Sterne，1713—1768）写《项狄的生平与见解》（1759—1767）之时，洛克的《人类理解论》已经渗透进了文学意识，这是其他任何“哲学”书都无法比拟的。斯特恩的小说甚至概述了洛克那伟大的《人类理解论》。

特里斯特拉姆·项狄

*祈祷吧，先生，在您读过的所有书中，可曾见过一本像洛克的***《人类理解论》***这样的奇书？请不要草率回答——因为我知道许多人爱引这本书，却没有真的读过——许多人读过，却没有理解它。*

如果您也属于以上两种情况中的一种……

且让我用几个字来告诉您这本书讲什么。

它是历史——一部历史书！

谁？

发生了什么？

在哪里？

何时？

……它是一本历史书……讲的是人的头脑的历史；如果您不多不少地这样描述此书，那么请相信我，您将在形而上学的圈子里赢得一席之地。

洛克的社会影响

洛克的影响超越了院校和大学，超越了受教育人群和学者。洛克的“理念”成了追逐时尚的知识阶层不可或缺的“属性”之一。

为真理服务的虚构文学

18 世纪的文学是哲学和虚构之间的持续交互作用。这些小说家继承的传统可以追溯到罗马帝国。但在启蒙时代，虚构文学面临着全新的紧急任务。

小说尤其适合这种个人可以独立闯荡世界的时代。越来越多的渊博而好奇的读者期待看到实验性、示范性的故事。已有的观念将接受经验的检验；文学习俗将被势在必行的无序现实所衡量。

启蒙小说的特点是聚焦于一个个体，并观察无法预期的世界对他个人经验的影响。

我们
是被发生在我们身上
的经历所塑造的，洛克的
这一假设被一而再再而三
地证实了。
笛福

菲尔丁

还有一种知识是学力难以赋予的，那就是交谈的艺术……这种真正实用的系统只能从处世中学到。

……的冒险

18 世纪的流浪汉小说中的男女主人公们周游世界，希望通过时来运转提升自己。至少，他们试图在面对逆境、腐败和诱惑时保持一份**自尊**。

许多此类小说中，我们会看到主人公陷入某种道德困境或是麻烦。我们常常通过他们写的书信来了解他们每一步的决定，每一次内心的挣扎。

《帕梅拉》（*塞缪尔·理查德森 著*），***《新爱洛漪丝》***（*卢梭 著*），***《少年维特的烦恼》***（*歌德 著*），***《危险的关系》***（*拉克洛 著*）

哲人写的小说

启蒙时代的小说家并不仅仅是借用哲学观念，而是对之进行戏剧化，赋予其生命力。当时一些伟大小说也是最重要的哲学家写的。18 世纪最畅销的小说是**让－雅克·卢梭**（1712—1778）的《新爱洛漪丝》。孟德斯鸠的《波斯人信札》和伏尔泰的《老实人》也在欧洲大获成功，销量巨大。狄德罗的杰作是《宿命论者雅克和他的主人》。

这些故事就好像是笛福的《鲁滨孙漂流记》的小型版，是“思想实验”。

伏尔泰的哲学故事包括短篇小说《老实人》，以及更短的故事《小大由之》、《查第格》、《天真汉》和《白牛》。

伏尔泰最早的传记作者之一**孔多塞侯爵**（1743—1794）也认识到了作者在写《老实人》和其他哲学故事时所倾注的艺术天分。

“这一体裁的不幸是它看起来很容易；但其实它要求一种罕见的才华，作者要知道如何通过机智和想象力甚至用故事中的事件去表达内容，能写出深刻的哲学并且不造作，能尖锐并且不失真。你必须是一个哲学家，又不能太像哲学家。”——孔多塞。

老实人

伏尔泰在小说《老实人》（又名《乐观主义》，1759）中不仅讥讽了乐观主义，也讥讽了一切体系制度，从莱布尼茨的形而上体系一直到殖民体制和教会体制，甚至还有逻辑体系本身。小说跟随主人公老实人走遍了当时所知的世界，揭露了各种伪君子和体制的疯狂。老实人的同伴是潘葛洛斯博士，这位博士只会对莱布尼茨体系进行拙劣模仿。他坚信逻辑和理性能够解释一切存在之混乱和不幸，却对事实视而不见。小说的结尾是老实人终于认识到，工作要比空想更有益。

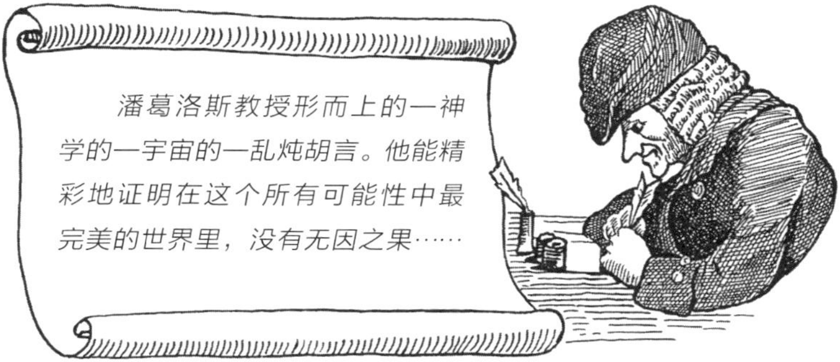

潘葛洛斯教授形而上的一神学的一宇宙的一乱炖胡言。他能精彩地证明在这个所有可能性中最完美的世界里，没有无因之果……

万事顺心……看我们的鼻子长得那么适合戴眼镜，所以我们有了眼镜。
我们得栽培我们的花园。

启蒙时代的小说

丹尼尔·笛福（1660—1731）是最早靠自由撰稿为生的作家。他发表了逾五百篇作品，包括政治和宗教方面的新闻写作。1704 年在担任政府公职时，他创办了自己的报纸《评论》。新闻写作是他的一些主要作品，比如《瘟疫年纪事》（1722）的基础。笛福在年近六十时才写出第一部小说《鲁滨孙漂流记》（1719），之后又有了《著名的摩尔·弗兰德斯的幸与不幸》（1724）。1707 年**乔纳森·斯威夫特**（1667—1745）作为爱尔兰教会的使者来到伦敦。他写了许多小册子，和其他讽刺作家一起成立了"涂鸦社"，比如"约翰牛"的创造者**约翰·阿巴斯诺特**（1667—1735），诗人**亚历山大·蒲柏**（1688—1744），剧作家**约翰·盖伊**（1685—1732）。1726 年斯威夫特出版了伟大的讽刺小说《格列佛游记》。**塞缪尔·理查德森**（1689—1761）的小说旨在通过他称为"恰时写作"的新形式来强调一种道德。《帕梅拉》（又名《善有善报》，1740）和《克拉丽莎》（又名《一位年轻女士的生平》，1747—1748）均由书信体构成，这些书信写于事件发生的当下。**亨利·菲尔丁**（1707—1754）在《莎美拉》（1741）中讥讽了书信体小说的技巧。菲尔丁的讽刺戏剧导致了《授权法》（1737）以及舞台审查。在《约瑟夫·安德鲁斯》（1742）的前言中，菲尔丁承认自己茫然不知应该如何称呼自己写的那类小说——"散文化的滑稽史诗"。他的其他重要小说还包括《乔纳森·菲尔德》（1743）和《汤姆·琼斯》（1749）。苏格兰小说家**托比亚斯·斯摩莱特**（1721—1771）视菲尔丁为模范，写出了《罗德里克·兰登》（1748）、《佩里格林·皮克尔》（1751）、《朗西罗·格利夫爵士奇遇记》（1762）和《汉弗莱·克林克尔历险记》（1771）。1749 年**约翰·克里兰**（1709—1789）套用小说公式写出了《欢场女子回忆录》（又名《芬妮·希尔》），成为情色文学经典。

因亟需钱来负担病弱老母的生活，**塞缪尔·约翰生**（1709—1784）仅用两周就写出了《雷塞拉斯：阿比西尼国王子传》（1759），这是一个与伏尔泰的《老实人》十分相近的道德故事，也在同一年出版。一位英国教士劳伦斯·斯特恩（1713—1768）写出了启蒙时期最超凡脱俗的小说《项狄的生平与见解》（九卷本，1759—1767）。他还写了《感伤之旅》（1768），其所代表的“感伤”文学在18世纪下半叶大行其道。

普莱沃神父（1697—1763）是位热情的记录者和孜孜不倦的译者，也是*启蒙思想*家圈子的常客。他的通俗小说《玛侬·莱斯科》（1731）为这一体裁注入了真诚的悲剧元素。**皮埃尔·马里沃**（1688—1763）是18世纪法国戏剧的领军人物，写下了《玛丽安的一生》（1731—1732）和《暴发户农民》（1734—1735），小说虽然没写完，但捕捉到了当时法国的真实生活。在伏尔泰的《老实人》之前，孟德斯鸠的《波斯人信札》（1721）是世纪畅销书，他在巴黎、日内瓦、阿姆斯特丹、伦敦和布鲁塞尔同时出版，使得审查无从下手。英文版不到六周就问世了。狄德罗的严肃小说包括《修女》（1760）、《拉摩的侄儿》（1763）和杰作《宿命论者雅克和他的主人》（15分册，1778—1780）。狄德罗时常把真实事件和人物写进小说的哲理对话中去，比如《达郎贝尔之梦》（1769）。18世纪末法国最畅销的小说是卢梭的《朱莉》（又名《新爱洛漪丝》，1761），这部书信体小说讲的是受挫之爱情所带来的折磨，引起了一股感伤的风尚，激荡了“情感”。**皮埃尔-安布鲁瓦兹-弗朗索瓦·肖代洛·德·拉克洛**（1741—1803）写的《危险的关系》，用充满反讽的微妙通信讲述了两个不择手段的引诱者的故事。**萨德侯爵**（1740—1814）将《贾丝汀》（又名《美德的不幸》，1779）修订扩充为《新贾丝汀》（1797），详尽地描述了性虐待，旨在回应卢梭的《新爱洛漪丝》。

高贵野蛮人的观念

18 世纪是旅行、海上贸易和探险的世纪，这催生了一种“比较人类学”。

1767 年法国探险家**路易斯·安托万·布干维尔**（1729—1811）到达大溪地。1769 年**库克船长**（1728—1779）在那里待了四个月，以观测金星凌日。布干维尔是卢梭的信徒，他在大溪地人身上找到了所有“高贵野蛮人”的特质。库克船长则是头脑冷静的约克郡人。

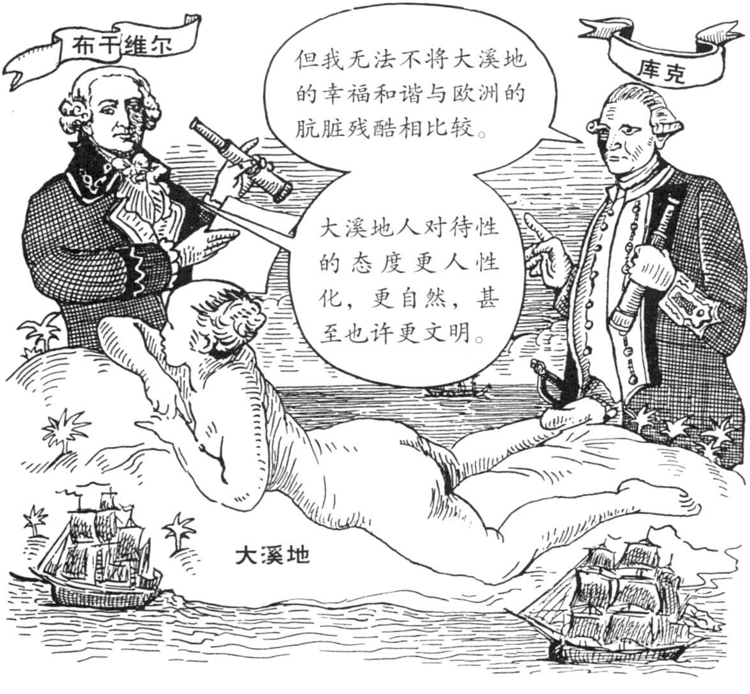

狄德罗的《布干维尔航海补遗》采用了大溪地人“纯真之眼”的视角，凸显了“正常”之习俗与礼节的怪诞之处。不久巴黎和伦敦最聪明的人就会开始追问，“文明”一词是否用在南太平洋未经污染的岛国人身上，要比用在 18 世纪欧洲的极端腐化的社会更为合适。

这种高贵野蛮人（或者说淳朴之人）的观念在 18 世纪文学中扎了根。任何睿智或严肃的作家都不会忘记向读者描述他的“野蛮人”。孟德斯鸠从他的波斯王子开始，伏尔泰让老实人不朽，布丰在亚当的觉醒中进行了分析，卢梭在隐退独居时亲自扮演了野蛮人的角色。

到 1770 年左右，几乎没有一个哲学信徒不想依据中国人或易洛魁人的建议来改变自己国家的法律风俗，就像好人家的孩子会听神父的话一样。且看孟德斯鸠如何发展这一观念。

波斯人信札

孟德斯鸠（1689—1755）全名夏尔 - 路易·德·塞孔达，布拉列德男爵暨孟德斯鸠男爵，出身地方行政长官家庭，继承了波尔多议会议长的职位。1721 年他（在荷兰匿名）出版了即将成为 18 世纪最有影响力之一的反对现有体制的力作《波斯人信札》。

该书由两位波斯人郁斯贝克和黎加的通信构成，他们在巴黎居住以及游历欧洲期间写信给家乡的许多人。这是波斯版的修业旅行。

1754年孟德斯鸠写了“对《波斯人信札》的一些思考”，解释道：“……在普通小说中，题外话只有在能够自成新故事时才被允许……但使用书信体时，人物的选择或是讨论主题都无须考虑事先构思的意图或计划，作者可以利用这一便利纳入哲学、政治和道德的讨论，可以用一条无形的秘密链条将所有事物联系起来。”

*在《**波斯人信札**》中，没有什么比找到出乎意料的新奇东西更让公众高兴的了。*

咖啡在巴黎非常受欢迎；在许多对公众开放的馆子里可以喝到咖啡。在一些馆子里,人们互相转述新闻；另外一些馆子里的人下象棋。

许多书信描述了法国的人和体制。在波斯访客眼中，有些习俗十分怪异。他们天真单纯，带着开放的心态去试图区分什么是地方的、约定俗成的，什么是普遍的、"自然的"。比如，"第 30 封信"是黎加给伊本的信，写到巴黎人视衣服和套装为通用符号。"我到了以后，他们看着我好像我是从天上掉下来的：男女老幼都想见我。简言之，从没把我当正常人对待。"

这让我决定放弃波斯套装，像个欧洲人一样穿着。这次试验让我意识到我的真正价值。在去除了所有异域装饰后，我发现别人对我的评价更准确了。我有理由抱怨裁缝，是他在一瞬间让我失去了众人的尊重和注意力；我一下子跌入了芸芸众生，感觉真糟。

孟德斯鸠还取笑了体制的支柱，比如教会等级制。

“教皇是基督徒的头；他是古老的偶像，现在人们只是出于习惯崇拜他。他曾经叫王公也害怕，因为他可以轻易废黜他们，就像我们伟大的苏丹可以废黜伊列梅季亚或是格鲁吉亚的国王一样。但是再也没有人怕他了……大主教聚在一起时，会写一些关于信仰的文章。他们各自活动时，基本上唯一的功能就是赦免人们不服从天主教律令的行为。”黎加写给士麦那的伊本的“第29封信”。
我听说在西班牙和葡萄牙有些苦行僧见不得玩笑，他们会像烧稻草一样把人烧死。

要是教会权威表示愤怒，孟德斯鸠会说波斯人只是在展示他们的无知。

“还有，这个国家的国王是个伟大的魔术师。他甚至能够把他的权威灌输进臣民的脑子，让他们也替他的需求着想。如果国库里只有一百万克朗，但他需要两百万，他只要说服臣民一克朗值两克朗就行了，而且他们真的相信了。”黎加写给士麦那的伊本的“第 24 封信”。

如果他要打一场艰苦的战争却没有钱，他只要钻进他们的脑子里告诉他们一张纸可以当钱用，他们立刻就相信了。

让读者尤其兴奋的是该书结合了异域风情和色欲想象，波斯旅人留在身后的深深后宫的故事。在一封时间稍早的信中，郁斯贝克的太监总管哀叹着自己的命运，他的其中一位妻子埋怨他不在身边。

我的激情之根已被拔除，但激情的起因还在；我远远没有找到解脱，总是身处那些叫人勃起的场景之中。

我记得那些快乐的时光，你会来到我怀抱……一个女人有如此强烈的欲望是多么悲苦，何况唯一能够纾解这欲望的男人却被夺走；于是留给她的，只有欲望无法满足的漫漫长夜的煎熬。

《波斯人信札》还是一本写性挫折的咸湿小说。在波斯*启蒙主义者*继续旅途时，他们对比了西方和自己祖国的性禁忌和习俗。不幸的是，波斯旅人离家的时间越长，远在东方的*后宫*就越不太平。

孟德斯鸠明显认为后宫是一种形式的独裁，是反自然的。它会腐化身在其中的所有人。太监会通过攫取权力来补偿他们被剥夺的性满足。郁斯贝克最宠爱的妃子罗克珊在绝望中服毒自尽，她的绝笔信坦言她曾欺骗了丈夫。

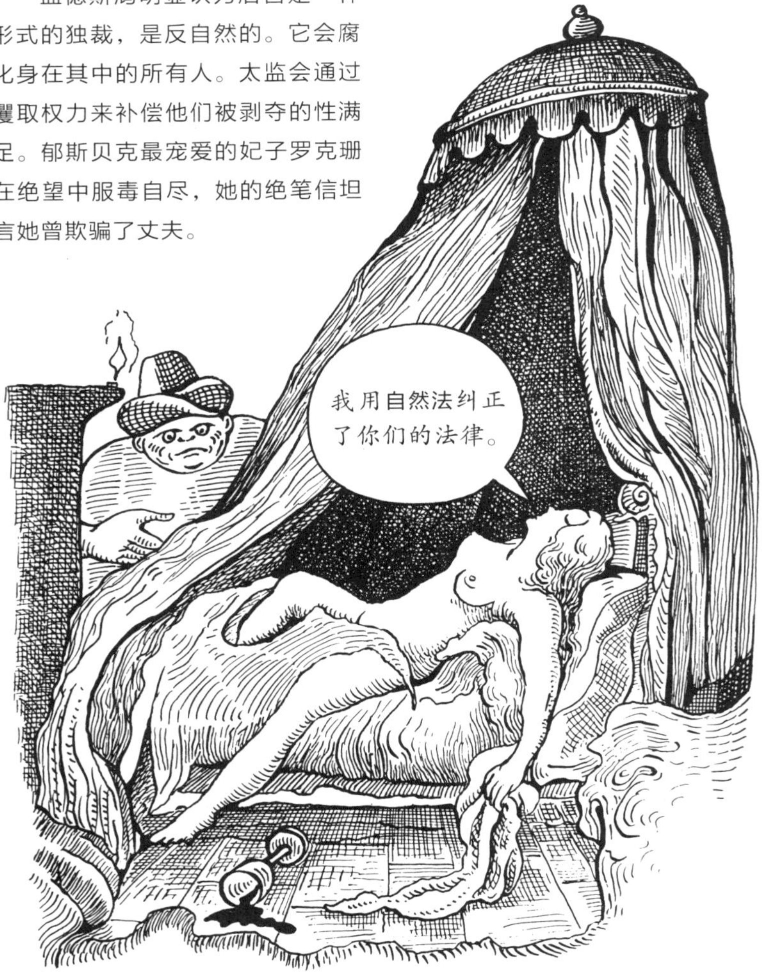

孟德斯鸠的小说十分抢手，一年内已经印了十版。1717 年就已结婚的孟德斯鸠享受到了社交场和情场的成功。

我像郁斯贝克和黎加一样游历了欧洲，包括英格兰。

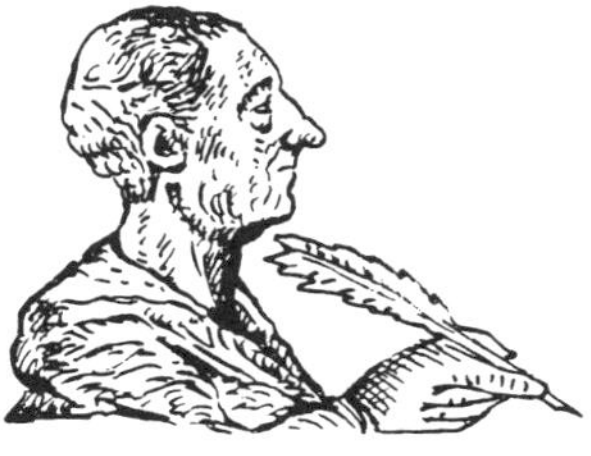

1726 年他卖掉了议会议长的职位，决定投身于更严肃的写作。1748 年，在经历了眼盲和财务困难后，他发表了 18 世纪最有影响力的政治文献之一《论法的精神》。以后我们还会谈到。

伏尔泰逃往英国

弗朗索瓦 - 马里 · 阿鲁埃（1694— 1778）后来得名**伏尔泰**，他出生于巴黎的平民之家，受耶稣会的教育。他很早就因为《俄狄浦斯》剧本而一举成名，史诗《亨利亚德》重述了法国的宽容国王亨利四世的传说。这些使得伏尔泰可以从路易十五、王后和奥尔良公爵那里领取薪俸。但伏尔泰也因写讽刺诗和各类讽刺文章而臭名昭著，1717 年在巴士底狱蹲了将近一年。

伏尔泰大胆地挑战一位贵族罗昂骑士前来决斗。

骑士感到我不配与他决斗，于是派侍从来群殴我。我对公平竞争的呼唤无人聆听。骑士的贵族朋友们抱团对付我。

这让伏尔泰认为有必要逃离法国。1726 年 5 月，他到达英格兰，开始了两年半的自我放逐。

英格兰信札

《波斯人信札》对法国社会的习俗和体制的攻击只能算轻描淡写、转弯抹角。许多贵族读者都视之为“圈内笑话”。毕竟孟德斯鸠是“他们中的一员”。相比之下，伏尔泰是一介平民，他写作的出发点是作为旅行者和流亡者的观察。他的《英国通信》于 1733 年先在英国出版，次年在法国出版时改名为《哲学通信》。

我用英国模式去攻击法国体制的缺点和陋习。我尤其被英国的宗教宽容程度所打动，还有英国政治和商业所奉行的自由主义，以及英国科学与哲学的活力。
伏尔泰的通信被形容为“针对旧制度的第一枚炸弹”。该书的地下印本在法国出现。伏尔泰被通缉。该书被官方焚毁，严禁销售。

伏尔泰论英国的宗教

伏尔泰的《英国通信》从四封“谈贵格派信徒”的通信开始。他为该派信徒单纯而不教条的气质所吸引，他们的宗教实践体现了精神和道德价值。他也会开些小玩笑，但很明显，公谊会信仰不受神职制度主导的事实给他留下了深刻印象。

这么说你们没有教士？
我的朋友，没有，我们都觉得没有教士更好。要是我们胆敢让某个人在礼拜天去受圣灵，而其他人则被排除在外，这是上帝不允许发生的。

伏尔泰的通信还谈到了圣公会、长老会以及其他更小的宗教派别。终其一生，伏尔泰坚决反对天主教会不容忍异见的态度。但这不表示他自己对宗教无动于衷，正相反，他一生都在与宗教纠缠。

良心自由和商业精神

伏尔泰在英国的旅居生活有过短暂停顿，他得冲回法国去料理生意。伏尔泰向来精明，善于投资，靠做生意赚了足够的钱来保证自己的智性独立，还能过上阔绰的生活。“商业让英国公民变得富有，使之自由，而这种自由反过来又拓展了商业，这成就了一个伟大的国家。”

走进伦敦证券交易所，这地方比许多皇室宫廷还要尊贵，你会看到各国的代表们聚在一起为人类福祉努力；犹太人、伊斯兰教徒、基督徒像拥有同一信仰一般彼此交涉；只有破产者会被他们视为异教徒……

论议会

“英国是地球上唯一一个成功地控制了国王权力的国度，她通过一次又一次的努力，终于建立了明智的政府体制，国君只能从善，而无法作恶，贵族没有家臣，无法倨傲，人民毫无困扰地分享着治国的权利。”

伏尔泰也会笑话下议院里的古董，以及英国政治实践中的其他短处，但他非常清楚地表达了对英国君主立宪制的景仰。

自大宪章起，英国就成功地摆脱了国王和教会的专制。

在有成文法之前，英国已经逐渐向平等发展，其税务体制不会为任何人免税。（几十年后，正是给贵族和高级神职人士免税的丑闻，点燃了法国大革命。）

在这里任何人都不可能享受免税待遇，不论他是贵族还是教士……在这里你不会听到什么区别对待上人、中人、下人的公平体系。

“不久前，希平先生在下议院演讲：‘英国人民的权威会受到伤害……’这种表述的怪诞引起了一阵哄堂大笑，但是他毫不慌张，再次用坚定的语调重复了同样的话，这次再也没有人笑了。”

启蒙运动的守护圣人

启蒙运动的守护圣人是三位英国人：培根、洛克和牛顿。伏尔泰的《通信》将最严肃、最专门的书信献给了他们，达朗贝尔和狄德罗将《百科全书》献给了他们。

1789 年，《独立宣言》的主要作者**托马斯·杰弗逊**（1743—1826）为自己的书房订制了这三位英国人的肖像。

他们为现代物理学和道德科学奠定了根基……这三位无一例外都是最伟大的人。

孟德斯鸠和伏尔泰是英格兰哲学家伟人的学生和追随者。没有英国人，法国的理性和哲学依然处在最初级的婴儿阶段。

实验哲学之父

在实证传统中，洛克的伟大前辈是**弗朗西斯·培根**（1561—1626）。培根是英国政治家、哲学家，被人们称为“实验哲学之父”。

*我提倡基于**直接观察**的知识改革，拒绝盲目崇拜那些赞同眼前的**感觉经验**世界的权威。*

培根将知识的分支比作树的枝干。“知识之树”的主干源自头脑的三大分工：**记忆力**、**想象力**和**理性**。

记忆力——历史知识之源
想象力——诗意之源
理性——哲学之源

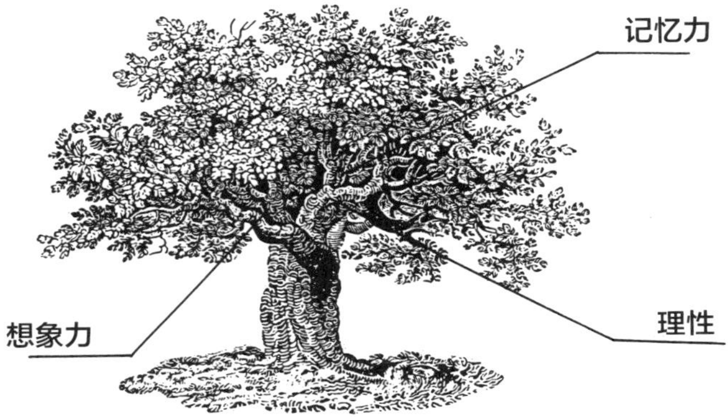

记忆力
想象力
理性

约翰·洛克的政治

洛克的影响超越了哲学领域。他的政论文字启发了启蒙主义者如狄德罗、杰弗逊和其他人。洛克在流亡荷兰后回到英国，带着《政府论》和《人类理解论》的手稿，两书都于 1690 年出版。

__人民的同意__是政府权威的唯一基础。政府除了它们成立之初的责任——保障生命、自由和财产之外__别无他责__。

洛克认为，君王（或“某个世袭之人”）若是独断专行，未能获得人民的许可，那么“人民可以自行安排”。反对专制统治者或是废黜其权力的起义是合理的。

艾萨克·牛顿

艾萨克·牛顿爵士（1643—1727）的科学成就是巨大的。微积分（微分和积分）是牛顿和**戈特弗里德·威廉·冯·莱布尼茨**（1646—1716）分别独立发展出的强大的新型数学工具。牛顿的杰作《自然哲学的数学原理》（1687）定义了一种新的力学科学，调和了开普勒的行星运动和伽利略的地球运动。

我为宇宙的秩序和星球的运动提供了一种优雅的数学描述。我提出了万有引力定律，提出行星空间是无垠的。

1704 年牛顿的第二部巨著《光学》，提出了他对光的本质的结论。其结尾处一连串猜想和提问启发了整个 18 世纪的科学探索。

初学者读牛顿

牛顿的作品吸引了一批包括伏尔泰在内的大众人物，伏尔泰不仅在1733年的《通信》中提到了他，还在1738年专门出版了《牛顿哲学原理》一书。

我的情人沙特莱侯爵夫人把牛顿翻译成了法文。

许多通俗叙述中的宇宙要比牛顿自己所认为的更机械，它们认为牛顿把整个宇宙描述为有序的、自我规范的系统。

牛顿的数学公式、运动定律等等的美妙之处在于，它们明显提供了一种更简单的宇宙观，这是牛顿始料未及的。

事实上，**引力**本身是一种相当神秘的力。

牛顿发现**热寂**是封闭系统的特征。（热寂：一个封闭系统变弱时失去所有能量和机体的趋势。）

牛顿感觉自己已经表达了宇宙生成的第一推动力，于是越来越关心炼金术和其他今日会被视作“神秘的”研究。

我只不过像个在海边玩耍的小孩，因为不时发现比寻常更为光滑的鹅卵石或是更漂亮的贝壳而沾沾自喜，而全然无视了在我面前的真理的海洋。

牛顿，范式

牛顿的研究大大推进了物理学和自然科学，以至于其他领域的作者要试图总结他的榜样意义。牛顿被视为一个真正科学家的**范式**或典范。

牛顿去世后不久，J. T. 德札古利埃对牛顿的推广十分成功，预示了牛顿方法论的最广泛应用，比如一首题为《牛顿体系的世界，最好的政府模型》的诗歌。伏尔泰希望有朝一日自然科学的方法可以转移到历史学上。

也许很快物理学领域发生的一切也会在历史写作中发生……我们想知道关于人类的一切有趣细节，就像今日形成自然哲学基础的细节那样。

启蒙主义者

孟德斯鸠、伏尔泰、狄德罗、卢梭、布丰、孔狄亚克、杜尔哥、孔多塞、达朗贝尔、莫雷莱、霍尔巴哈、爱尔维修、格里姆和雷纳尔。

在孟德斯鸠和伏尔泰的榜样作用下，这批人形成了“文学界”，开始展示一种全新的自信和战斗性。巴黎有咖啡馆和俱乐部的土壤，有期刊和书商，于是一代新人诞生了：*启蒙主义者*。

*启蒙主义者*都是知识分子和文人，但不是职业哲学家，更不是象牙塔学者。巴黎的观念、争锋、讨论和冲突的气氛催生了一批启蒙精英。正是在这里，启蒙运动的激进之翼得到了强化：思考、写作、辩论和争吵——与自己人，也与世界。

*启蒙主义者*是理性、宽容和进步之新精神的牧师、士兵和传播者。伏尔泰吹响了结集号角，让大家联合起来。

但启蒙运动的真正组织天才是一个乡下剪刀匠的儿子**德尼·狄德罗**（1713—1784），他纠集了当时最激进的知识分子，编出了启蒙时代最有代表性的《百科全书》。

仇视这一新激进运动的人的反应是愤怒和怀疑。“*启蒙主义者到底是个什么东西？*”莫里尼耶神父问。

社会中的一类怪物，他们对礼数和道德、得体合宜、政治或宗教规范完全无感，他们这类人什么都做得出来。

《百科全书》对*启蒙主义者*的解释：

他们践踏偏见、传统、普遍共识、权威，简言之，一切奴役思想之物。他们敢于独立思考，敢于后退寻找最清晰的通则，对经验和理性之外的言论概不承认。

开明女性

*启蒙主义者*像是兄弟会，男性的社交圈。英国的俱乐部和咖啡馆多多少少有些排斥女性（虽然妓女们总在附近徘徊）。在法国，*启蒙主义者*会面的主要场合是*沙龙*。

沙龙是开放之家，旨在刺激智性辩论。
也允许不同性别的自由讨论。
通常由一位贵族女性担任主持，叫“沙龙女主人”。

这种场合与发泄性欲的场合同等重要，当时智性激情和性激情已经从个体的私人生活领域分离了。

法国的社交和智性生活有许多女性的身影，但思考仍然算是男人的工作。狄德罗赞美女性在塑造智性传统中的角色是“好听众”。

*启蒙主义者*霍尔巴哈男爵和爱尔维修家中时常举行*沙龙*。巴黎的其他*沙龙*都由女性主办，包括德芳侯爵夫人、乔芙兰夫人、艾斯毕纳斯小姐、内克夫人。*沙龙*要办得成功，需要极高的技巧和手段，才能赢得喜怒无常的知识分子和作家们的尊重。*百科全书派*最早就是在乔芙兰夫人的*沙龙*里成型的。

开明的情妇

扮演沙龙女主人的角色并不是女性积极参与智性酝酿的唯一方式。在思想领军人物的情妇中有不少出类拔萃的人物。

德皮奈夫人（1726—1783）娇小活泼，长相柔弱，眼神炯炯。她曾迷倒过伏尔泰和狄德罗，是**弗里德里希·梅尔希奥·冯·格林**（1723—1807）的常年情人。她曾为卢梭着迷，不过很清楚他难以驾驭。

卢梭
格林
1756 年我允许他在我名下的一间乡下别舍里隐居。

德皮奈夫人为格林的刊物《文学通讯》大量撰稿，写过随笔、剧评、书评，讨论政治、经济和哲学的文章，还有打油诗。格林出门旅行时，她和狄德罗主持刊物。在她的《蒙特布里安夫人回忆录》中，她结集了精彩的晚宴对话，反映了*启蒙主义者*的理念和观点，有时摘引原话。

伏尔泰的多年情人是**沙特莱侯爵夫人**（1706—1749）。他们1733年相遇，当时伏尔泰39岁，她芳龄27。她已成婚八年，育有三个孩子。她成为一个非常渊博有才华的女性。

沙特莱侯爵夫人不仅将牛顿的著作译成法语，帮助伏尔泰的工作，还独立写作了许多科学主题的随笔。

43 岁那年，她找了一个新情人—— 27 岁的圣兰伯特侯爵，并怀上了他的孩子。虽然有伏尔泰的照顾，她生产后不久就去世了。伏尔泰悲恸万分："我失去了 25 年的挚友，一个伟大的人，其唯一的遗憾是女儿身。"

读者和审查官

*启蒙主义者*为谁而写作？首先他们写给国际文化网络里的其他*启蒙主义者*看，但他们也致力于向日益增长的读者公众传播启蒙之光。

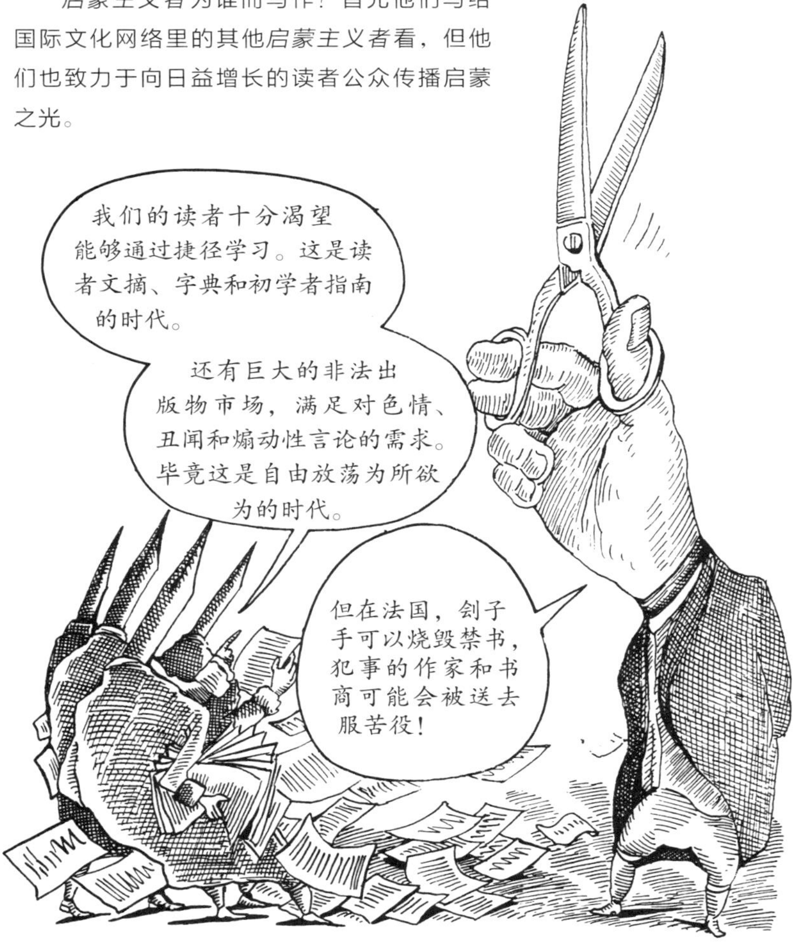

我们的读者十分渴望能够通过捷径学习。这是读者文摘、字典和初学者指南的时代。
还有巨大的非法出版物市场，满足对色情、丑闻和煽动性言论的需求。毕竟这是自由放荡为所欲为的时代。
但在法国，刽子手可以烧毁禁书，犯事的作家和书商可能会被送去服苦役！

英国和荷兰没有审查制度，但这在欧洲其他地方仍是智性生活中的危险事实。出版（通常由书商操作）需有法官签发的许可。不过法国的地方官很快就明白，焚书只会刺激销售，所以他们更喜欢没收图书，把书商送进大牢，动静越小越好。

工业和科学

与苏格兰启蒙运动相关的工程师们常常带来工业技术中的实践创新，比如**詹姆斯·瓦特**（1736—1819）设计了高效的蒸汽发动机和功率单位“马力”。机械时代始于蒸汽动力与德比郡煤田的铸铁厂的结合，使不列颠成为工业革命的中心。

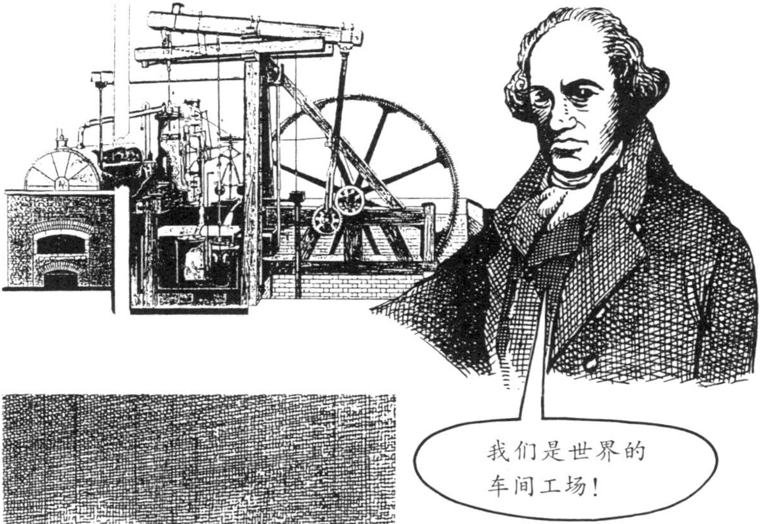

受过教育的读者领会了科学实验的重要性，也就是在经验试验中加入理念。但对科学过于信任会令哪怕最明智的人产生幻觉，以为科学很快就会发展到绝对确定的终点。从许多方面看，18 世纪是个轻信的时代，空想家、伪科学家、骗子比比皆是，比如**弗朗兹·梅斯梅尔**（1734—1815）就声称能够用“动物催眠”治疗疾病。

百科全书

启蒙时代最具特色也最令人惊叹的不朽巨作是*百科全书*。它最初的任务是翻译并修订埃弗拉姆·钱伯斯的《百科全书》，此书 1727 年于爱丁堡首版。

在第一任编辑灰心放弃后，《百科全书》最终由狄德罗和**达朗贝尔**（1717—1783）成功完成。

《百科全书》扩充成了二十八大卷。
它成为一部争议之作，旨在教育并改变公众观念。

《百科全书》（又名《对科学、艺术和工艺的分析词典》）的第一卷出版于 1751 年。之后又用了二十年才完成全部内容。它最终收入了约 72000 个词条和 2500 幅插图。

达朗贝尔作为数学家的声誉得到了普遍尊重，但狄德罗完成了大部分工作。狄德罗将一批杰出的合作者聚集到身边，其中包括许多启蒙主义者如孟德斯鸠、伏尔泰、查尔斯·杜克洛、卢梭、塞缪尔·傅雷米、霍尔巴哈、莫雷莱、安德烈·泰奥菲勒·德·博尔德和雅克·德·沃康松。

命运，或者更应该说是生命之种种必需，对我们为所欲为；谁会比我更懂其中滋味？这就是我为何要花上三十年光阴违背本意，全心奉献给《百科全书》，除了写作两出戏剧之外心无旁骛。

后来他找到了一位新投身于此事业的帮手，不知疲倦的**舍瓦利耶·德·若古**（1704—1799），他和狄德罗一样撰写了成百个条目，并监督雇来的文人写手的编纂工作。

知识之树

在《百科全书》的序论中，达朗贝尔称其为读者提供了一幅知识之树所有枝干的概览，以及知识谱系之间的关系。他以培根的图说为基础，该说法也被钱伯斯的《百科全书》所采纳。

于是通过感觉而无法达到理性的东西就没有什么生存空间了。教会的传统教义被贬为知识之树中的一个极小的分支。

谁是历史的“伟人”？

达朗贝尔引用了权威的“培根大臣”后，又提出了一种浓缩的历史观，“伟人”不是王侯将相，而是学者和哲人。

达朗贝尔简要介绍了伟人中的伟人：培根、笛卡尔、牛顿和洛克。但他还开了一张顶尖科学家和哲学家的短名单，其中有：伽利略、哈维、惠更斯、帕斯卡尔、丰特内勒、布丰、孔狄亚克、伏尔泰、孟德斯鸠和卢梭。

“《序论》充满了暴烈英勇的比喻：打破锁链，撕破面纱，摧毁教义，猛攻要塞……启蒙主义者扮演着英雄的角色。他们孤军奋战，无论被迫害或被污名化，都要为未来的一代代而战斗，同时代人拒绝给予他们的认可，未来人会给予。”罗伯特·达恩顿，《哲学家修剪知识之树》

手工业和贸易的重要性

《百科全书》产生巨大影响的一种方式在其书名的最后一个词语“工艺”上有所体现。《百科全书》的出发点不仅是全面评价艺术和科学，也要评价商人和工艺大师的技巧。

狄德罗的父亲是一位名刀匠，所以他成为这部分内容的总负责人。他遍游法国，采访了许多工匠大师，研究他们的技术和方法。

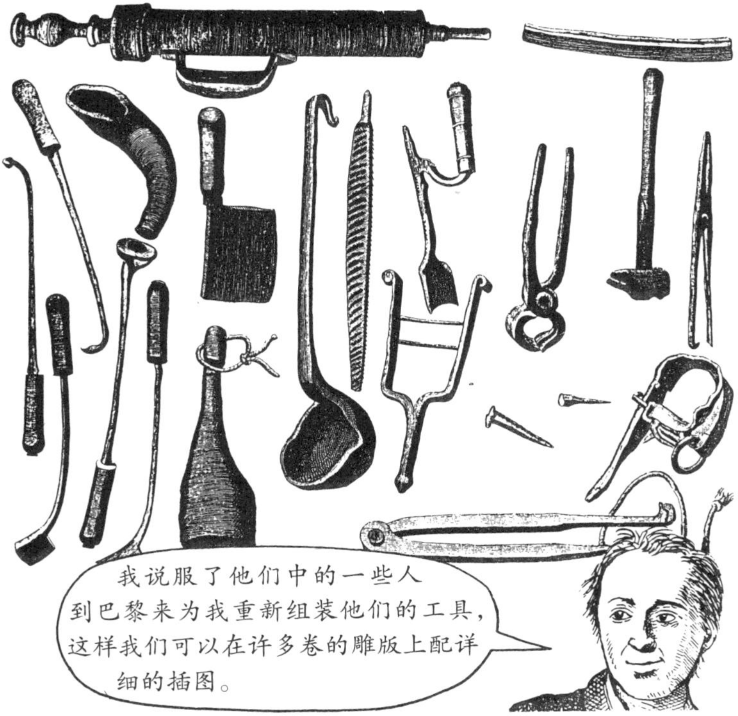

我说服了他们中的一些人到巴黎来为我重新组装他们的工具，这样我们可以在许多卷的雕版上配详细的插图。

在撰写纹章学条目时，贵族舍瓦利耶·德·若古提到，对于许多贵族喜爱的东西，“没有一个简单的小册子来解释做衬衫、袜子、鞋和面包的艺术；《百科全书》是第一部也是唯一一部描述这些对人类有用工艺的图书，而整个书业中充斥了无聊而荒谬的讲纹章学的书籍”。

形而上学和机械

传统上对于“自由艺术”和“机械艺术”的区分有种不幸的效果，就是贬低了那些十分可敬且有用的人。正如狄德罗所言：“我们的评判标准是多么奇怪！我们要求人们从事有用的工作，却又贬低那些真正有用的人。”

狄德罗比较了复杂机器的运转机制和复杂的形而上学体系，让人们注意到人类经验和知识是如何沉淀在实用的机械之中。

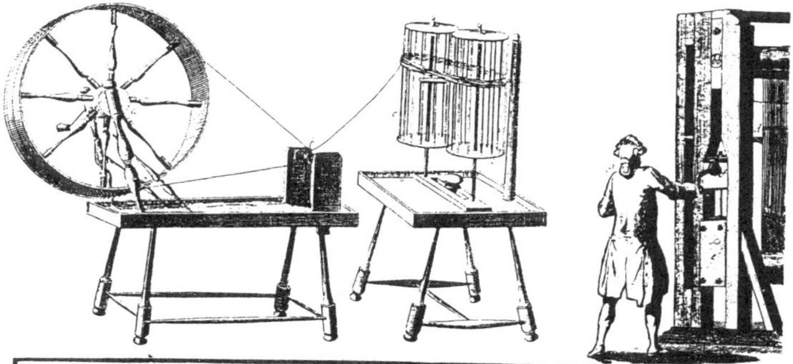

我们在描金、编制丝袜的机器以及那些做花边、薄纱、服饰和丝绸的器械构造中所看到的聪明、敏锐和连贯性，难道比不上任何物质的或是形而上学的系统吗？

成功的巅峰

上流社会对卷帙浩繁的《百科全书》表现出极大的兴趣。伏尔泰写了一个小故事讲述《百科全书》对贵族甚至国王本人的影响。

“一天晚上路易十五在特里亚农宫和几位密友吃晚饭。谈话从射击游戏转到了火药。”

没人知道火药是什么东西做的。
蓬巴杜夫人既不知道她脸上的胭脂，也不知道她腿上的丝袜是怎么做的。

“不要紧，很快会有答案。跑腿的小厮已经飞奔着去拿《百科全书》了……”

“在‘火药’‘胭脂’和‘丝织’条目里，有他们需要了解的一切。很快他们全都扑向《百科全书》……没多久就找到了想看的内容。那些想打官司的人能确切地了解自己的位置。国王知道了他的所有特权。当他们都急急地翻页时，C 伯爵大声发话叫所有人都能听见……”

陛下，您的治下有这许多掌握所有这些技艺的人，并将这些知识传给子孙后代，您是何等幸运。这书里万事俱备，从生产一根别针到铸造大型枪炮。一切事物，从无限微小之物到无限伟大之物……

启蒙主义者受到攻击

《百科全书》并没有获得普遍性的欢迎。参与该项目的一群*启蒙主义者*招致了激烈的反对。评论家如埃利·弗雷龙、查理·帕利索和雅各-尼古拉·莫罗写了许多文章和讽刺文学，耶稣会士则指责《百科全书》抄袭。《百科全书》出版了头两卷后，1752 年国王被说服，下令停止出版。

1757 年记者弗雷龙向首席审查官马勒泽布告发了狄德罗。

……他是罪魁祸首。他领着一众人到处散布精神污染，每天都靠阴谋诡计进行扩张。

1760 年，帕利索写了一出喜剧《启蒙主义者》，把卢梭讥为一个像猿猴般的野蛮人，还极力讽刺了爱尔维修、狄德罗和杜克洛。

……一帮寡廉鲜耻的伪君子，利用无所事事又容易上当的社交名媛来宣传他们装模作样自命不凡的计划。

1758 年危机

*启蒙主义者*在受到真正的威胁时，势必成为最显眼的小集团。

1758 年达朗贝尔撰写了日内瓦的条目，其中建议这欣欣向荣的瑞士城邦应该取消剧院禁令。他似乎还进一步质疑了城市神学家的正统性，于是掀起了一场轩然大波。巴黎最高法院判定《百科全书》不合法。

我辞掉了编辑的职务。
从那时起，我一个人承担起所有的责任。

“1758 年爱尔维修的《论精神》遭到了最猛烈的批判，次年狄德罗的《百科全书》被禁，这迫使*启蒙主义者*们团结起来，要比伏尔泰最歇斯底里地号召团结还要有用。批评者想要摧垮这一运动，结果却令之更加强大。”——彼得·盖伊。

马勒泽布，又称“纪尧姆先生”

万分幸运的是，正当整个百科全书事业到了危急关口，编纂者们的一个好朋友马勒泽布的父亲当上了首席大法官，并任命小马勒泽布掌管审查制度。**克雷蒂安－纪尧姆·拉穆瓦尼翁·德·马勒泽布**（1721—1794）后来成为出色的自由派政治家，像他的启蒙友人们一样有胆有识。

没有马勒泽布，《百科全书》很可能再也不会面世！
有段时间我占据了法国审查制度的要职，但我热切地信仰出版自由。

许多次，马勒泽布躲在幕后给狄德罗和达朗贝尔提供保护。1752 年一道皇家圣谕下令禁止前两卷，还要没收所有未出版的文稿和雕版，马勒泽布让狄德罗把手稿藏在最安全的地方——他自己家里。

支持和反对国王

1771 年国王剥夺了巴黎最高法院的司法审判权，以“国王委员会”取而代之。马勒泽布起草谏书，请求召集国民议会。在旧制度即将落幕的几年里，“纪尧姆先生”作为鼓励改革的关键人物，成为法国最受爱戴的人之一。

1775 年，我成了路易十六的大臣。

即便成了朝中重臣，他依旧穿着破烂的衣服，故意挑衅凡尔赛的繁文缛节。因为他改革心切，不能附和当时的上层意见，于是决定辞职。

纪尧姆先生的冒险

因为经常被免职（思想独立性的代价），马勒泽布有大把时间花在他真正的爱好——植物学上。

我的目标是驳斥布丰的自然主义理论（在我看来他就是个无赖加蠢货），为我心目中的知识分子大师林奈恢复荣誉。

他在城堡隐居期间，打造了法国最包罗万象的科学植物园，写出了四十卷的《植物学笔记》。

1771 年马勒泽布在自家附近的树林里发现了妻子的尸体。她用一把毛瑟枪自杀了。

与启蒙运动的政治原则一致，马勒泽布相信每一个人，包括国王，都应该服从于法律，**并得益于**法律。

结果，马勒泽布自己也在断头台上结束了生命。

德尼·狄德罗

狄德罗的波希米亚倾向时常引起父亲的不满，但他的知识分子和作家的形象绝对是遵照他父亲的价值观塑造的，尽管父亲是个匠人。狄德罗明白写作也是一种手艺，要求勤奋和训练。

狄德罗和老处女妹妹丹尼丝一直很要好，丹尼丝面部有残疾，必须戴假鼻子。另一个姐妹安洁丽克自愿出家，成为乌尔苏拉会的修女。后来她发了疯，28 岁就死了。狄德罗的弟弟迪迪埃先当了神父，后来加入教士团。

这些被基督徒称为完美福音的只是扼杀天性的沉闷艺术。迪迪埃本可以成为一个好朋友、好兄弟，可惜耶稣命令他去将所有这些琐屑踏在脚下。

灵魂的“秘密史”

1742 年狄德罗和贫穷但美丽的安托瓦尼特·尚皮翁秘密结婚，违背了父亲的意愿。他们只有一个孩子安洁丽克活到了成年。在狄德罗的朋友们眼里，他的夫人是个难伺候的女人，但狄德罗对她十分忠诚。

1755 年他遇见了平生挚爱索菲·沃兰。

在别人眼里，她是个四十多岁的老姑娘，还戴眼镜。在我眼里，索菲结合了男性和女性的最佳品质。她可以随心所欲地成为男人或女人。
在源源不断的来信中，他谈到自己的理念，各类会面，手头在做的工作，以及他的恐惧。

他欣赏她直截了当的表达方式。这段感情持续了四分之一个世纪，直到她 68 岁去世时才结束。

“灵魂是个黑暗的洞穴，居住着各种各样或善或恶的生物。邪恶的人打开洞穴之门，只让后者出来。善人则相反。”——狄德罗。

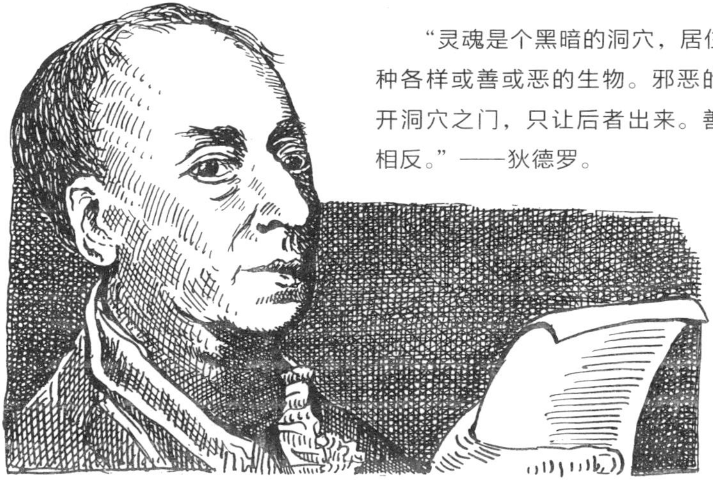

狄德罗和朋友

“我生来就特别擅于交流。”狄德罗时常激动得忘乎所以，他极为渊博，对任何东西都有兴趣，如果可能的话还会发展出一套理论。所有见过狄德罗的人都能证明，他是个热情的话匣子，总是不停地在房间里踱来踱去，说到感兴趣的话题会扯掉自己的假发。

我阅读、我思考、我写作、冥想、聆听、观看、感受，都是为了我自己和我的友人。他们不在身边时，我所做的一切都是为了他们。我的梦想就是他们幸福快乐……正是为了他们我奉献出所有的感觉和能力；也许这就是为何在我的想象和谈话中，一切都有些许改善和夸张。他们有时候会为此而责备我，这些不领情的坏家伙！

“百科全书”是什么？

在“百科全书”这个精彩条目下，狄德罗告诉读者这个词来自希腊文，意思是“所有知识的相互关系”,这几乎是狄德罗许多文章的法宝名言。“一部百科全书的目的是搜集散落在地球表面的所有知识，将它们的总体轮廓和结构呈现给我们同时代的人，并传递给我们的后代，这样过去世纪的作品也许对将来的世纪也会有用。”

只有在哲学的年代才会有编纂百科全书的尝试……万事万物都应被检验、讨论、调查，无一例外，亦不用考虑任何人的感受……我们必须推翻那些阻碍理性的樊篱，让艺术和科学回归它们最为珍视的自由。

上世纪极大地推动了科学和艺术的发展……本世纪的任务是用一部作品聚合这些成就，传给后代。

启蒙时代的艺术

威廉·霍加斯（1697—1764）的道德场景在信息的丰富程度上可与理查德森和菲尔丁的小说媲美。**托马斯·罗兰德森**（1756—1827）和**詹姆斯·吉尔雷**（1757—1815）继承了这种通俗视觉风格上的讽刺传统。**托马斯·盖恩斯伯勒**（1727—1788）和**约书亚·雷诺兹**（1723—1792）画了许多富裕赞助人的肖像，**乔治·斯塔布斯**（1724—1806）擅长画马，德比的**约瑟夫·赖特**（1734—1797）擅画科学和工业场景。

意大利的艺术反映了文艺复兴和巴洛克的过去辉煌，其代表作是**安东尼奥尼·卡纳莱托**（1697—1768）和**詹巴蒂斯塔·蒂耶波洛**（1696—1770）的风景杰作。**乔万尼·巴蒂斯塔·皮拉内西**（1720—1778）描绘的哥特废墟和想象中的监狱展现了启蒙想象中的阴暗面。

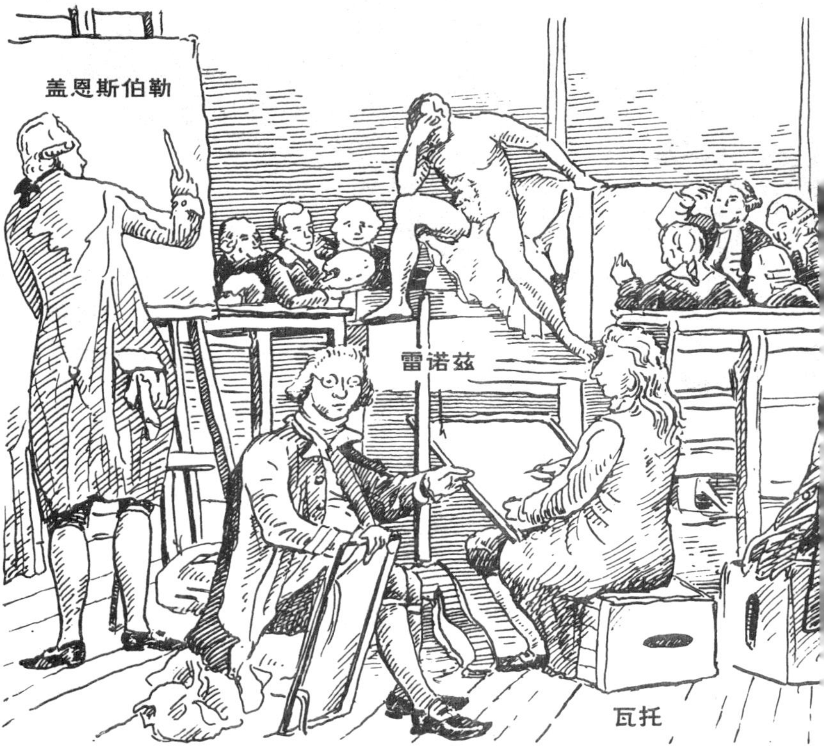

法国贵族的穷奢极侈在洛可可画家**安托万·瓦托**（1684—1721）和**弗朗索瓦·布歇**（1703—1770）的作品中有淋漓尽致的表现。狄德罗有时会写巴黎沙龙里的绘画新作展览。他的艺术评论糅合了道德判断（他认为布歇不道德）和美学判断。他崇拜的艺术家有**让－西梅昂·夏尔丹**（1699—1779）、**让－巴蒂斯特·格勒兹**（1725—1805）和**让－奥诺雷·弗拉戈纳尔**（1732—1806），在他们身上他试图寻找一种新的道德视角，让人接受的人和事件，同时推测戏剧的新形式。

“美学”一词是德国作家 **A. G. 鲍姆嘉通**（1714—1762）创造的，他的老师是哲学家克里斯蒂安·沃尔夫（1679—1754）；鲍姆嘉通的《美学》于 1750 年出版。约翰·约阿希姆·温克尔曼（1717—1768）创建了古典考古学和艺术史，1750 年前后他和德国画家安东·拉斐尔·门斯（1728—1779）在罗马一同发起了革命性的新古典主义风格。

沙夫茨伯里勋爵（1671—1713）是约翰·洛克的学生，他的讨论“品位”的作品很有影响，**埃德蒙·伯克**（1729—1797）的论文《崇高与美的概念起源的哲学探究》（1756）亦然。**伊曼努尔·康德**（1724—1804）在《判断力批判》（1790）中也引入了对美与崇高的分析。

让－雅克·卢梭（1712—1778）

卢梭出生于日内瓦，一个瑞士的加尔文主义小城邦共和国，被以天主教为主的公国和王国包围着。卢梭的母亲在生下他不久就去世了，他没有受过正规教育。15 岁时他被一个信天主教的瑞士男爵夫人——华伦夫人收留，她希望卢梭改信天主教，完成学业。

卢梭为《百科全书》写了“政治经济”条目，以及许多与音乐相关的条目。卢梭被巴黎的上流知识圈接受了，成为*启蒙主义者*的一员。

卢梭的挑战

卢梭的第一篇重要文章《论艺术与科学》（1749）挑战了启蒙运动的基本信条，并勾勒了一根主线，他之后所有的作品都围绕这根主线发展。

我认为明显的文化和社会进步只会导致我们真正的道德堕落。我们所有的艺术和科学都因闲适而生，由奢侈供养！

卢梭后来的一篇重要文章《论人类不平等的起源》（1755）再次刻画了不断腐化堕落的人类发展历史。但这一次罪魁祸首不是文雅、享受和知识，而是不平等。他追溯了不平等的根源——**私有财产**，以及它造成的妒忌。

关于不平等起源的讨论

“自然的不平等慢慢地展示出一种**合力**，人与人之间的差异，因他们不同处境的作用而变得恒定、明显，并开始以相同的比例对个体组成的群体产生影响。

“现在人们热衷于打扮成另一个人，让自己看上去像完全不同的人，此类区隔会催生无耻的浮夸和狡猾的把戏，无数罪行会搭顺风车。另一方面，之前的人类自由而独立，如今他们因为有了种种新需求而心神不宁，屈从于一切天性，尤其是屈从于彼此；从某种意义上说，即便一个人成为其他人的主人，他本身也是某种奴隶：如果富有，他们需要别人的服侍；如果贫穷，他们需要帮助；即便处于中间境地，也并不能离开他人生活……简言之，一方面有竞争和敌对，一方面有利益冲突，两方面也都暗自希望牺牲对方来牟利。所有这些罪恶都是**财产**带来的首因效应，并无可避免地伴随着日渐增长的不平等。”

“在发明标识富人的**记号**之前，财富只能通过土地和牲口来代表，这些是人可以真正占有的东西……富人立刻开始品尝发号施令的乐趣，鄙夷其他人……富人知道他们的地位建筑在不稳定的虚名上；所以如果别人强抢了他们强抢来的东西，他们也没有理由抱怨。”

伏尔泰 VS 卢梭

卢梭把这篇文章寄给伏尔泰看，伏尔泰回信表示收到。

先生，我收到了您的反人类的新作，对此我向您表示感谢……历史上尚未有人全力使用如此智力来让我们变成野兽。读过您的书后，我简直又想用四只脚走路了，但这习惯我在六十年前就摆脱了，恐怕再难重拾。
千万别试着回到用四只脚走路；最不可能成功的就是您了。您教会我们用自己的两只脚走路，这样我们就不必用您的脚了。

据卢梭所言，人类的历史就是不断腐化的历史，但他也同意改变的时代到来了，腐化的原因本身（也就是文化）“需要防止自己继续恶化……这就好像把武器留在伤口里，生怕拔出来就把伤员给害死了”。

自然和博物学

在 18 世纪的前半段，思想家们还在努力消化牛顿计算的可能结果。对人的本质的猜想，在“机器人”模型上达到了顶点，相当于一个机械野兽。狄德罗精通化学，对生命科学的所有新进展都极感兴趣，不由自主地推测这些新进展对理解人类自身会产生怎样的影响。他对宇宙中万事万物都有关联的观点十分着迷，这让他产生了许多有趣且有远见的猜想和假说。

我问博物学家，宇宙或者所有思考和情感分子的总和是否形成了一个整体。如果他回答说它没有形成一个整体，这意味着宇宙是无序的，那么他用一个单词就瓦解了上帝的存在，他将用打破万物之间的链接来毁掉哲学的基础。

狄德罗，《*关于阐释自然的几点思考*》。

作为一个体系的自然：林奈

瑞典博士、博物学家**卡尔·林奈**（1707—1778）截然区分了生物和非生物，帮助建立了独立学科“生命科学”，其中包括植物学和动物学。

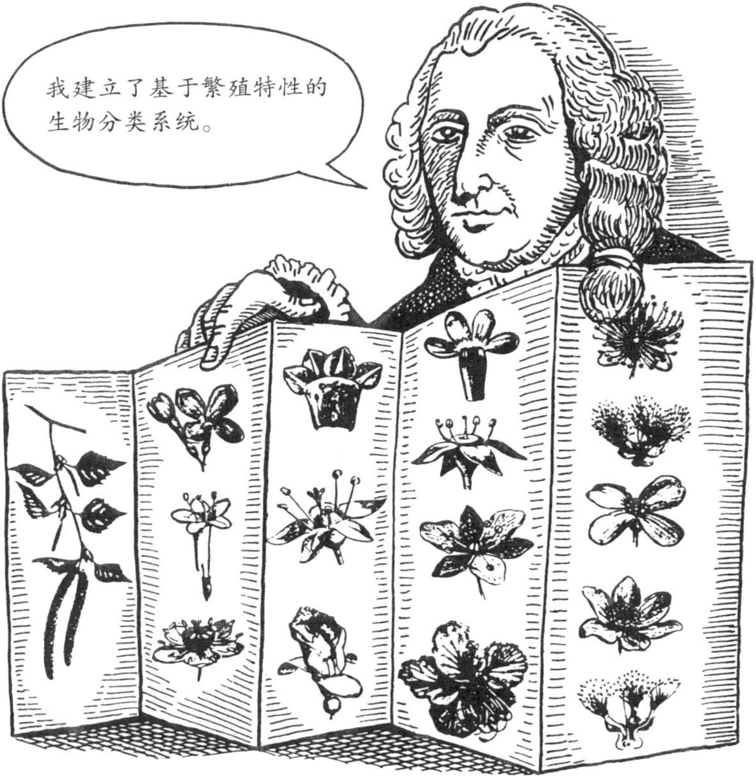

我建立了基于繁殖特性的生物分类系统。

在这种二元系统内，所有生物都可以归类，拥有学名（纲、目、属、种），这套体系全靠林奈。他将自然视为和谐构建的整体，上帝创造的互相关联且平衡的系统。他的学生乘着商船游遍世界，或是跟着库克船长之类的探险家旅行。

作为历史的自然：布丰

林奈的观念受到了**乔治·路易·勒克莱尔，孔德·德·布丰**（1707—1788）的挑战。自 1749 年起，布丰在有生之年出版了三十六卷本的《自然史》，剩下八卷在他死后出版（1788—1804）。该书覆盖了从人类、鸟类、甲壳类、鱼类到矿物质的所有自然物质，书写风格精准流畅。

林奈的分类法只是一种让世界看起来更简单的奇技淫巧。我所提供的不是系统，而是描述——一系列特殊的因情况而异的细节。

他使用化石证据和物理实验来证明世界和生命本身要比神学家所承认的更为久远。他的书名《自然史》旨在将读者的注意力吸引到他的信念上来，现有的世界不是上帝创造的。索邦神学院的神学家们谴责了他的作品。

唯物主义

一些与《百科全书》紧密联系的*启蒙主义者*逐渐发展出一种世界观，认为世界是物质的，决定论的，无神论的。

所有知识都能追溯到外在世界造成的感觉或印象。个体发展只是此类印象的积累结果。传统的神学观念比如“灵魂”看似成了一种“不必要的假设”。

拉美特利和爱尔维修

启蒙时期最臭名昭著的极端唯物主义者是物理学家**朱利安·奥夫鲁瓦·德·拉美特利**（1709—1751），他的《人是机器》（1747）声称只要合理组织物质，就有可能解释一切人类官能（生理的以及智性和精神的），由此省掉任何灵魂上的需求。

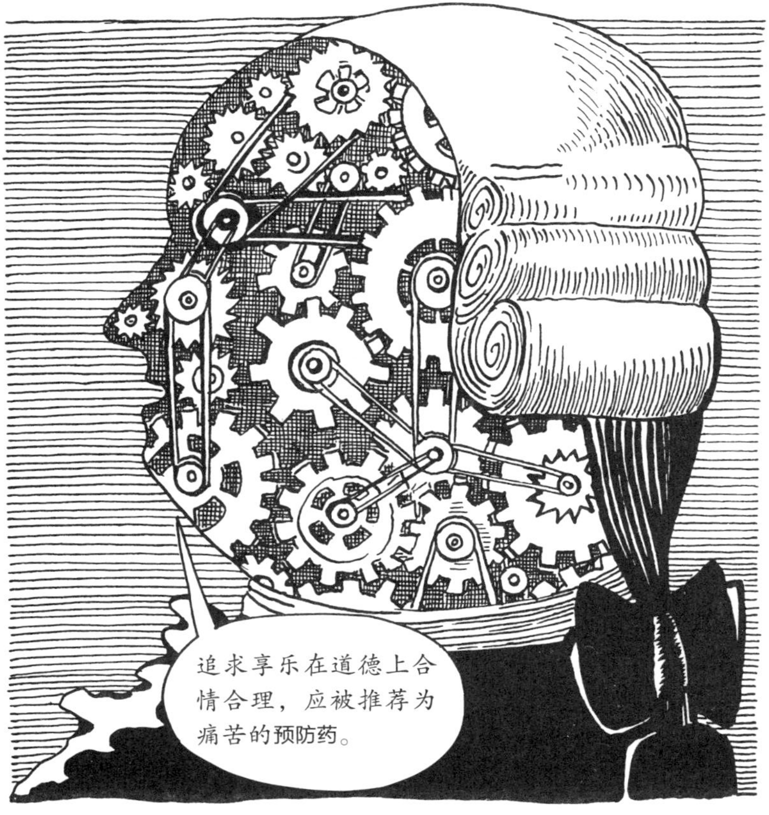

追求享乐在道德上合情合理，应被推荐为痛苦的预防药。

对他的同时代人（包括狄德罗和霍尔巴哈）来说，拉美特利最令人震惊的说法是没有绝对的道德准则，个人完全被生理冲动所主宰。拉美特利被迫逃亡，先到巴黎，再去了荷兰。后应腓特烈大帝的邀请，他在普鲁士定居。

1758 年 7 月，狄德罗的自由思想派哲学家朋友**克洛德·阿德里安·爱尔维修**（1715—1771）发表了专著《论精神》，掀起了一场轩然大波。爱尔维修的唯物主义是行动主义类型的，拓展了洛克和孔狄亚克的观念，认为所有人类知识和行为都是感觉和社会经验之教育的成果。爱尔维修拒绝思考生理因素，但提出了决定论对任何伦理学的挑战。

我们所有的思想和意愿必定是我们所接收印象的必要后果所产生的即刻效应。

唯物主义和人类的改善

爱尔维修相信所有人生来资质平等，人与人之间的差异是他们激情的强度或所受教育之不同所导致的。

《论精神》提出了由国家来改善人类的视角。一位明智的立法者，通过对公民美德的奖赏，能够影响人们的热情所在，由此克服思想惰性。这一视角在法国大革命的豪言壮语中回响。

霍尔巴哈

霍尔巴哈男爵（1723—1789）是一位德国科学家，他住在巴黎，为《百科全书》撰写了逾四百个条目，主要是化学和矿物学。霍尔巴哈是位慷慨的主人，他的家宴是巴黎激进派领袖的研讨会。他饭桌上的海外访客包括来自不列颠的劳伦斯·斯特恩、霍勒斯·沃波尔、亚当·斯密；来自米兰的伟大法律改革家贝卡里亚；来自美国的本杰明·富兰克林。经验主义哲学家大卫·休谟在巴黎的英国领馆工作时，经常去霍尔巴哈家吃饭。

自由思想家作坊

霍尔巴哈男爵于 1756 年游历英国（和演员大卫·加里克，他学生时代的朋友、激进自由思想家约翰·威尔克斯共处），之后认为是时候更猛烈地攻击既有的神学观念了。

我雇了一群年轻人，搞了一个“作坊”，翻译并宣传自由思想家的作品。
让古物原形毕露，脱掉神父的假面具，讨论神圣传染病（或者说迷信的自然史）、宗教的残酷性、偏见、捣毁地狱、基督批判史的文章。

霍尔巴哈的《自然之体系》（1770）成为臭名昭著的“唯物主义”文献。他在书中提出了一种彻底的简化主义观念。人类是一种纯物理存在。生理人根据感官传递的刺激理由去行动。道德人根据非直接传递的物理原因去行动。

达朗贝尔之梦

霍尔巴哈对人类的看法类似于他的朋友狄德罗在《达朗贝尔之梦》（1769）中形式有趣的探讨，但此书从未出版。狄德罗年轻时，曾花了三年时间翻译一部重要的英语医药词典，他对该领域的极大兴趣一直持续到编撰《百科全书》的几十年。

狄德罗用对话和梦的形式勾勒了种种理念，强调了它们的假想特点，其证明有赖于未来的科学发现。

梦

两位朋友艾斯皮纳斯小姐和博尔德加入了达朗贝尔的胡言乱语。

然后你们还谈了个体的人，你们这些可怜的哲学家们！
……没有这种东西；没有，没有这种东西……
存在是什么？是一定数量的趋势的总和……
我能比一种趋势更多吗？
他停下来了。
是的，他发表了非常精彩的长篇演讲……虽然目前还处在理论阶段，但我认为人类知识进步越大，就越能证明他所说的。

法国的高等法院

18 世纪的法国在政治权威的问题上有极大的分裂。国王和大臣们与高等法院时常有争论，法国的伟大法律机构被贵族占据，他们认为这些法庭有权审查法规，并拒绝那些他们不喜欢的法律。

最高法院是国家最高的裁判机构。
它还负责审查剧院和公众道德。

在法国有十三家高等法院，巴黎的最有影响力。

高等法院的职位可以出售，可以世袭；占据高位的人往往坚持“文治贵族”的尊严，反对“武功贵族”。

法院系统的人们热衷于仪式，每年夏天休假结束后的十一月他们回来的列队行进，是年度最盛大的仪式。

结果就是，最高法院不论是好是坏，成了绝对君主制的立法对立面，世纪中期一直和君主起冲突。巴黎最高法院的所在地司法宫，用西蒙·沙玛的话来说，“自身就是一座小城市”。

孟德斯鸠的法律精神

孟德斯鸠的《论法的精神》最早出版于 1748 年，推行了高等法院应该限制王权的观念，并获得了相当的社会认可。孟德斯鸠本人担任过波尔多高等法院院长。

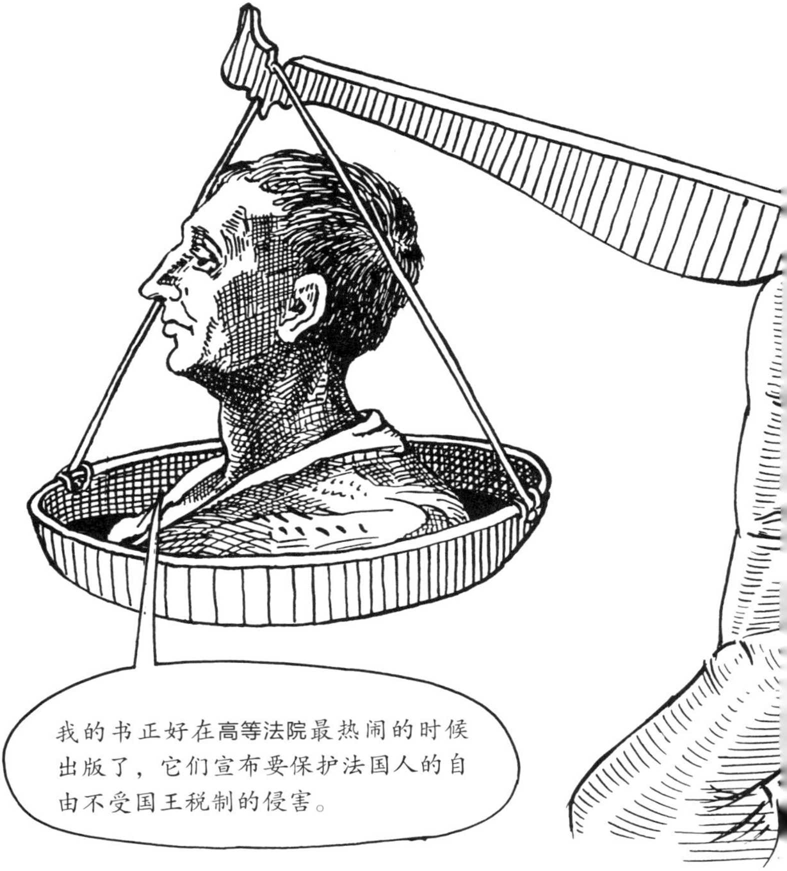

我的书正好在高等法院最热闹的时候出版了，它们宣布要保护法国人的自由不受国王税制的侵害。

该书立刻成为畅销书，在六个月里印了十二版。1762 年该书获得了终极荣誉，亚历山大·德莱尔编了一本手册《妖怪孟德斯鸠》，旨在引起争议。

孟德斯鸠在寻找解释政治体制如何运作的理由。他从两种原则着手调查社会和政治秩序的多样化：第一种是人性的一致，第二种是环境和文化造成的差异。孟德斯鸠的研究是我们可以称为社会学文献的第一部伟大经典，它将哲学争论的本质转移到了政治上。

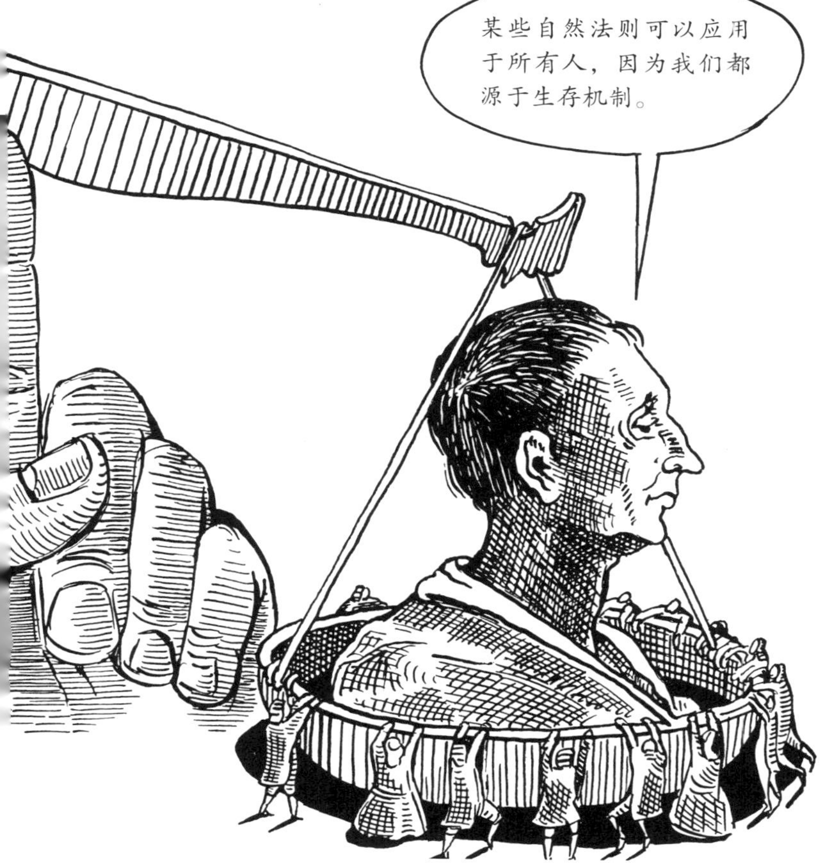

自然法

孟德斯鸠和当时很多人一样，回头从古老的**自然法**理论传统中寻找资源。斯多葛派哲学家，比如西塞罗（公元前 106—公元前 43），认为人的道德义务是超越陈规习俗去思考，这样才能发现他应该怎样去做。

启蒙作家有时会说上帝是自然法的创立者，也是它的权威之源，“但实际上它们的起源和秘结性都基于人的自然本质，世界各地、古往今来的智者的不谋而合便是理性的见证，人类对公正有天然的直觉，正如狄德罗在《百科全书》中颇具革命性和实验性的说法：自然法是绝无错误的人类总体意愿。”——彼得·盖伊

一部粗枝大叶的杰作

《论法的精神》的前三分之一讨论了政府的本质和形式，以及其子民的权利；然后转向分析气候和环境对政治和社会习俗的影响；最后一部分是大杂烩，包含了政治经济、法国政治、法理以及其他内容的讨论。《论法的精神》是 18 世纪最粗枝大叶的杰作。

你的书是没有头绪的迷宫，完全没有章法。
我在每种政府形式的背后都主张了一种“精神”。

君主制背后是“荣誉”——一种根深蒂固的身份感和责任感，通过有作为的贵族表现出来。共和制背后的精神是“美德”，一种公民意识，及其伴随的归属感和责任。专制背后的精神是“恐惧”。当这些支撑的精神被削弱，政府本身就会被削弱。

个体自由和法治

所有*启蒙主义者*都会同意《论法的精神》中所体现的高贵和人性化的哲学。孟德斯鸠对个体自由的坚定信仰在他讨论法律和公正问题时表现得最为明显。

我相信专制永远是坏的，应该被检查。我尤其欣赏英国人民享受的自由感，我认为这应该归结于英国政治的分权体制。

在孟德斯鸠的叙述中，国王只拥有执行权，国会只拥有立法权；司法机构独立于两者运作。

事实上，孟德斯鸠对英国政治的看法相当简单。他写作的时候正值英国变革之时。英国的思想领军人物倾向于保守主义。在约翰·洛克定义的政治自由主义和现代经济自由主义已经就位后，就不需要激进的空想家了。的确，英国之前的激进主义遭到了美国殖民者的反对。孟德斯鸠的书肯定影响了他们和苏格兰启蒙运动中的政治理论家。

对专制君主进行启蒙

启蒙时期的政论文主要指向“专制政治”，这一术语相当松散，覆盖了无数罪名。它包括君主对权力的独断专行，也包括贵族和教会的特权，此外还有基于传统、先例或权威的种种要求和主张。

启蒙运动反对此类非理性的余孽，坚持将每一个国民（即便他是国王）置于法律之内。

孟德斯鸠主张一种有限度的君主制，说服了 18 世纪中期许多思想家，其中有重农学派，他们在旧制度中支持自由贸易和商业自由主义，但依然拥护君主制。

后来，新一代煽动家又搅动了民主和共和情绪，从卢梭的作品中借用了一种理想化的语言。但启蒙运动巅峰期的关键人物大多是**改革派**，而根本不是激进派。对他们来说，向实际行使权力的那些人陈述自己的观点再自然不过。

好几位*启蒙主义者*，比如伏尔泰、狄德罗和爱尔维修，在一段时间里曾被“启蒙的专制主义”所吸引。或许我们应该说，“对专制主义*进行启蒙*”，因为启蒙的专制主义不是一种政治理论，哪怕对*启蒙主义者*来说也不是。但这是一种重要的事业机遇。他们在法国是政治边缘人，于是转向了改革派君主，比如普鲁士的腓特烈二世和俄国的叶卡捷琳娜二世，他们倾向宗教宽容，热衷于政治、法律和经济的理性改革。

普鲁士的腓特烈二世

普鲁士的**腓特烈二世**（“大帝”，1712—1786）参与了许多*启蒙主义*者的想象。1736 年他还是王储时，已经写了针对马基雅维里政治哲学（总体上被视为玩世不恭）的檄文，表现出对艺术、音乐和诗歌的兴趣。腓特烈开始与伏尔泰通信。虽然伏尔泰很想让所有的朋友知道，倒是腓特烈抢了先。

1750 年夏天，伏尔泰离弃了巴黎（直到生命最后一年才凯旋而归），开始了为期三年陪伴腓特烈大帝的旅居生涯。当他发现自己的政治和哲学观点并不特别被腓特烈看重时，幻想破灭了。实际上，腓特烈只要求伏尔泰修改并表扬他的法文诗来自娱，别无他意。

俄罗斯的叶卡捷琳娜大帝

叶卡捷琳娜二世（1729—1796）于 1762 年登基，她有更宽广的视野。她表现出了决心要改革俄罗斯的社会和政治结构。她受到孟德斯鸠和意大利法理学家**贝卡里亚**（1738—1794）的影响，《百科全书》的成就给她留下了深刻印象。

18 世纪 60 年代中期，狄德罗接近完成《百科全书》。他没受过什么荣誉和嘉奖，还经历了一段深刻的怀疑和忧郁期。

几年后，狄德罗成为叶卡捷琳娜的非正式“文化参赞”。1773 年叶卡捷琳娜引诱狄德罗长途跋涉来到圣彼得堡，这也是他在法国之外唯一的重要旅行。

狄德罗想象着自己在俄罗斯的职位，横穿欧洲去指导君主——扮演部分苏格拉底的角色，或是叶卡捷琳娜的亚西比德。他的幻想得到了梦境般的实现；他和其他“启蒙的”思想家一样相信社会进步须自上而下推进，改革者必须找到伟大的听众。“如果不是对一位君主，哲学家还能对谁说话呢？”他在《反对一个暴君的一席话》（1769）中这样写道。

坊间传说女皇必须在她和狄德罗之间放一张桌子，以免他过于激动的手势会误伤她。

给女皇的指导

狄德罗想要重新点燃这位女强人压抑的自由抱负。但她非常精明，有足够的自信不为他的劝导所动。后来狄德罗详细记录了他们之间的对话细节。

对我而言，所有政治和公民权力之源只能是国家上下一致达成的共识……
除了国家之外再无真正的主权；除了人民之外再无真正的立法者……如果社会中有哪怕一个人犯法而不受惩罚，那么法律就没有用处。
一部严密的法典的第一句话应该约束主权。

神父和哲学家

神父的哲学体系就是一纸荒唐言，企图秘密地保持无知；理性是信仰的敌人，而信仰是神父的地位、财富和名望的基础。

哲学家说神父的坏话；神父也说哲学家的坏话。但哲学家从来没有杀过任何神父，而神父却杀了许多哲学家。哲学家也没有杀过任何君王，而神父也杀过许多……——狄德罗

哲学家永远不会成立宗派

“我们不应害怕任何哲学观点会伤害一个国家的宗教。虽然我们的示范与神秘论直接冲突，但也毫无关系，因为基督教哲学家们对神秘论敬仰有加，他们非常清楚理性和信仰的对象有着截然不同的本质。

“*哲学家永远不会成立宗派*，原因是他们的写作不为普通人，而他们本身又对狂热免疫。

“如果我们把人类分成二十个部分，会发现十九个部分的人都从事体力劳动，他们永远不会知道有洛克这样的人的存在。剩下的一个部分中，又有几个是读者呢？这其中大概每二十人喜读爱情小说，只有一人研习哲学。会思考的人类是极小部分，这些人永远不会干扰世界的安静平和。

“蒙田、洛克、培尔、斯宾诺莎、霍布斯、沙夫茨伯里勋爵、柯林斯、托兰都没有在各自的国家点燃冲突的火把；这一般来说是神职人员的工作，他们一开始就渴望成为一派的领袖。*但我能说什么？所有现代哲学家的作品加起来也不会引发方济各会那样的混乱争吵（吵袖口和斗篷的剪裁）。*”

伏尔泰在《哲学通信》（1733）中的“论洛克”部分引用了腓特烈大帝的信：“迷信的组织基础被动摇了，很快会崩塌。各国在撰史时都会说伏尔泰是革命的宣传者，占据了 18 世纪人们的头脑……”

法国的天主教会

在法国，天主教会感到深深的不安。教区神父的生活困窘不堪，上级很少为他们的工作提供帮助。主教们通常出身贵族，住在华丽的宫殿里。许多人视责任为无物，甚至有非正统的信仰。

18 世纪神职人员的行为也许并不比之前几个世纪更糟。但自从中世纪起就在小酒馆里流传的段子不乏固定丑角。

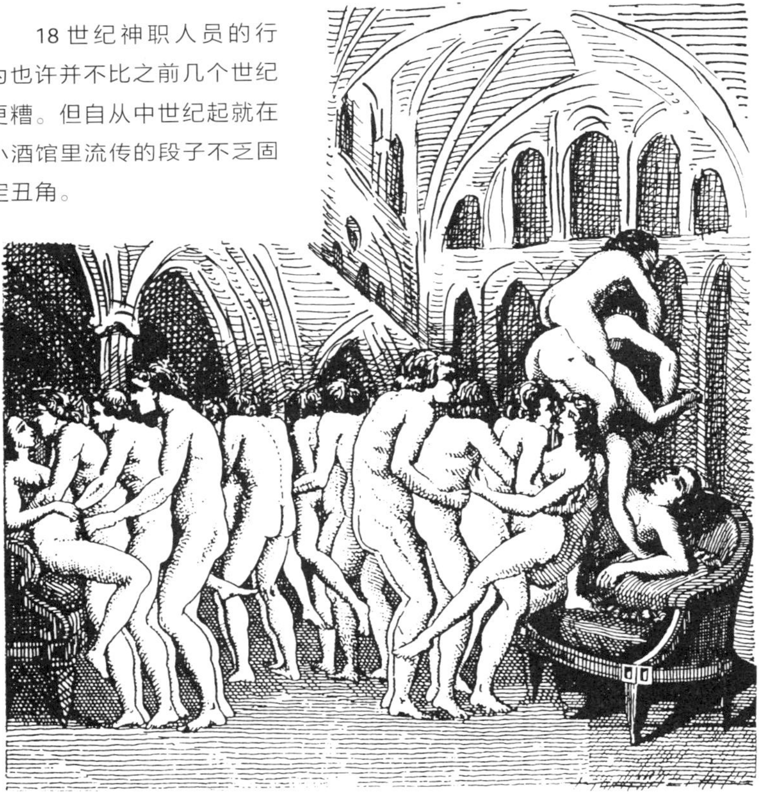

淫僧荡尼，因性病而不举的主教，女同性恋修道院院长听从“子宫的愤怒”的摆布……

神职人员很容易成为谣言诽谤的目标，成为启蒙时期迅速增长的色情读物的常客。

启蒙时代也是信仰时代

*启蒙主义者*领袖不断攻击天主教会的权力，会让人感觉启蒙时期尤其强烈的立场和斗争情绪。实际上在欧洲许多国家中，18 世纪是国家机构权力和影响渐长，而教会（天主教和新教）渐衰的时代。

但若把 18 世纪描述为信仰不断退守抵抗理性大军就错了。启蒙时代也见证了宗教运动的强力发展。

所有这些紧张的个人虔诚使得宗教感觉或“热忱”成为他们教义的核心。

· 英国诞生了卫理宗

· 北美殖民地开始了“大觉醒”

· 波兰犹太人中产生了神秘的哈西德教派

· 日耳曼新教国家中开始了敬虔运动

宗教的社会必要性

一则可疑的逸事流传甚广，说伏尔泰在费尔奈的家中和启蒙主义者们相谈甚欢。他们热烈而无所顾忌地讨论无神论。突然伏尔泰让所有人噤声，然后把仆人打发走。接着他解释了为何如此小心翼翼："你们难道想今晚被割喉么？"

对地狱的恐惧……

虽然伏尔泰和许多*启蒙主义者*都怀疑神学家所讲的那一套真理，但他们也觉得宗教可能是社会的必需品。对地狱和永恒诅咒的惧怕依然是社会控制的有效工具——正如爱德华·吉本（1737—1794）在《罗马帝国衰亡史》（1776）中所指出的。

罗马世界普遍流行的几种崇拜模式被当时普通人认为是同等真实的，哲学家则认为它们一样假，行政长官则认为它们一样有用。

一个无神论者组成的社会……只有当它是哲学家的小型殖民地时才能正常运作。
也许没有其他治疗狂热传染的良方，只有等到最终启蒙民智。

教会，国家和民权

对很多统治者来说，宗教宽容很难正式施行。大部分国家君主的合法性至少部分来自于他们对特定教会的效忠。法国君主的臣民包括数目庞大的新教徒，但他登基时还是要宣誓铲除新教异端。英国君主是英国国教的世俗领导人。普鲁士的国王是路德宗的最高主教。

1782 年约瑟夫二世签署了《宽容法案》，赋予了奥地利犹太人一系列重要的公民自由权利。

普鲁士的腓特烈二世 1740 年登基，与玛丽亚·特蕾西亚同年。虽然他是路德宗的正式领导人，但其实并不信路德宗，而是共济会会员。他视自己的角色为维持普鲁士不同宗教组织的现状，1747 年甚至拨款在首都柏林兴建一座新的天主教大教堂。异教审判和公开表达宗教争议都被禁止。1750 年普鲁士的犹太人被赋予越来越多的权利。

摩西·门德尔松（1728—1786）是犹太思想家，出身于德绍的犹太隔离区，他是德国启蒙运动中的杰出人物。他自己本身就是一场革命，影响了柏林的基督教社会改变对犹太人的态度。门德尔松的剧作家好友**戈特霍尔德·莱辛**（1729—1781）的《智者纳旦》即以他为原型。

共济会

1717 年共济会在伦敦设立了第一个分会。18 世纪中共济会发展成了重要力量。部分成功归因于贵族的参与，普鲁士的腓特烈大帝和奥地利的弗朗西斯一世这样的统治王公也成为共济会会员。有段时间，本杰明·富兰克林和伏尔泰同属一个分会。

会员宣誓抛开身份等级的区别，共同追求启蒙的关键理想。
我们的目标是道德重生，而无须借助现有教会的力量。
在我的歌剧《魔笛》（1791）里，我将共济会的经历化作对理性、美和爱的理念。
莫扎特

共济会将古怪的神秘仪式和世俗的、乌托邦的、普世理想（比如四海皆兄弟、平等、宗教宽容和理性）混合在一起。1751 年教皇本笃十四世谴责共济会，他们在德意志联邦内受到政治监视。

美国革命的元老们多数是共济会会员，他们起草合众国宪法时，没有提到上帝。**托马斯·杰弗逊**（1743—1826）和**詹姆斯·麦迪逊**（1751—1836）特别着力将宗教排除出政治和公共生活。

伟大的钟表匠

启蒙运动越来越将上帝视为自然法的创造者。牛顿科学揭示了自然的规律性，这为神性提供了最为可靠且容易理解的示范。整个宇宙的美丽、广袤而复杂的设计，证明了上帝的存在和祂的高超技巧。像一位伟大的钟表匠，祂创造了世界，赐予恒常的法则使之运转，然后隐退。

大卫·休谟的怀疑主义

麻烦在于传统基督教习惯于用福音书记载的神迹来证明神的存在。神迹包括耶稣让拉撒路起死复生，还有耶稣复活本身，所有这些都将启蒙人视为等同于上帝的自然法撇在一边。**大卫·休谟**（1711—1776）是苏格兰启蒙运动的领军人物，比大部分人走得都要远。

大卫·休谟对上帝信仰之合理性的激烈攻击是哲学家中前所未有的。休谟之前的许多哲学家被指控为无神论者，但休谟是第一个站出来承认的伟大哲人。他的朋友们劝说他不要在有生之年出版《自然宗教对话录》（1779），这是他最精彩的作品。

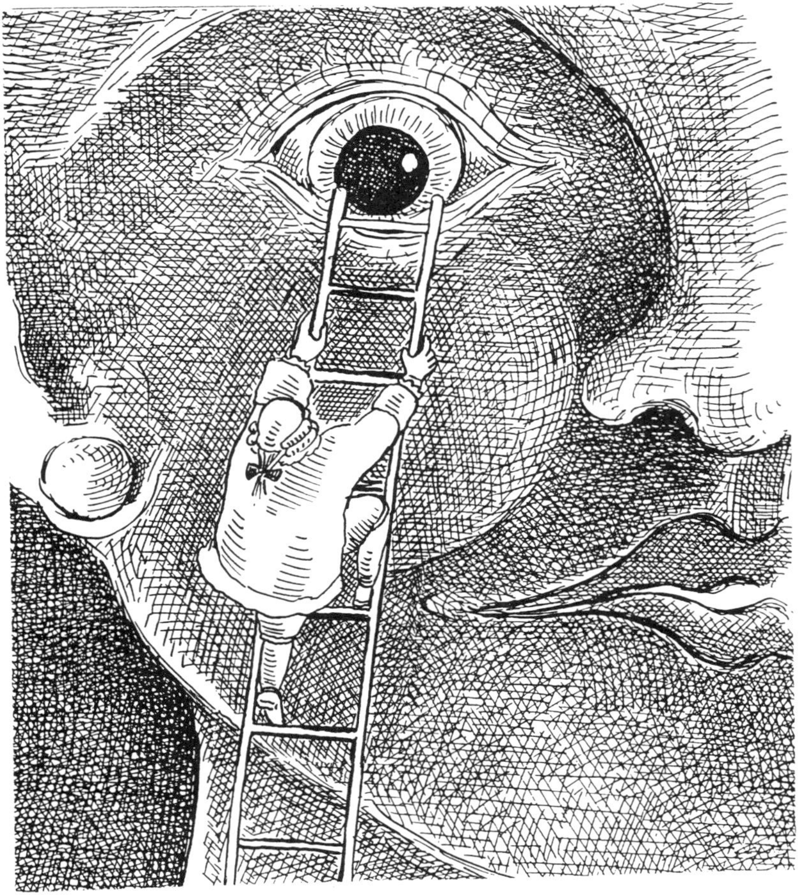

*我不反对创世者的说法，但是任何描述其品质或性格的叙述肯定是胡说八道。信仰无法用任何**理性**的方式去捍卫。*

人性论

休谟的《论人性》（1739—1740）在他 26 岁时就完成了，副标题是“在精神科学中采用实验推理方法的一个尝试”。它拓展并实践了约翰·洛克倡导的实证心理学。

人类如今已经治愈了对假说和自然哲学体系的狂热病，只听从那些来自观察的论述。是时候尝试为所有道德争论来一次改革了；我们应拒绝任何伦理体系（无论多么精妙或新颖），因为它们不是建立在事实和观察上的。

休谟的怀疑主义如此激进，以至于威胁到了科学本身的基础概念：**因果律**。他举了台球在台球桌上碰撞滚动的例子，指出我们可以从结果中辨认出原因，但我们无法体验“因果律”。

我们看到了第一个球（如果你愿意，可以称它为原因）滚向第二个球。我们看到了第二个球被碰撞后的滚动（或者说结果）。但我们无法将因果律本身分离出来加以体验。

科学的基础看上去和宗教一样靠不住。

休谟的怀疑主义不仅动摇了外部世界的统一，甚至经验世界本身。在休谟痛苦的思考中，“自我”被打碎了。它只是一些感觉的聚合体。每种特定经验都和某个特定时刻捆绑。片刻过后就是一种不同的印象。除了习俗或习惯之外没有东西能把两种感觉连在一起。“自我”是一种虚构。

我在哪里，我是什么？我为了什么原因而出生，又在何种情况下回归尘土？……我对所有这些问题感到惶恐，开始想象自己最凄惨的境遇，陷入最深的黑暗之中，彻底孤立无援。

哲学家**伯特兰·罗素**（1872—1970）对《论人性》的后半部分评论道，休谟忘记了他的根本怀疑，像当时其他启蒙道德家一样写作；他推荐了治疗怀疑的偏方，也就是“粗枝大叶和漫不经心”。

启蒙时期的音乐

公众音乐会越来越多，歌剧院一片繁荣，这些都在传统的教会和宫廷赞助之外提供了选择。意大利音乐家如**安东尼奥·维瓦尔第**（1678—1741）和**多梅尼科·斯卡拉蒂**（1685—1757）一马当先。维瓦尔第写了许多宗教音乐和歌剧，还包括四百五十多部协奏曲。斯卡拉蒂为键盘写了逾五百首奏鸣曲，他的父亲是**亚历山德罗·斯卡拉蒂**（1660—1725），那不勒斯歌剧学派的创始人。1735 年**乔万尼·巴蒂斯塔·佩尔戈莱西**（1710—1736）知道自己将不久于人世，于是退隐至寺院谱写《圣母悼歌》，这部宗教音乐作品令他扬名。1752 年佩尔戈莱西的喜歌剧《女仆做夫人》的演出在巴黎引发了一场论战，“丑角的战争”讨论了新意大利歌剧和法国古典歌剧的贡献，后者继承的是**让－巴蒂斯特·吕利**（1632—1687）的传统，该传统最显赫的代表是**让－菲利普·拉莫**（1683—1764）。*百科全书派*深深卷入了这场论战。卢梭为《百科全书》撰写了大部分音乐条目，自己也写过一部成功的意大利风格歌剧《乡村占卜师》。卢梭在歌剧中宣扬自然主义（让音乐服从戏剧表现），这一形式被**克里斯托弗·格鲁克**（1714—1787）在巴黎和维也纳加以发展。

大型作品往往是宗教音乐，比如**巴赫**（1685—1750）的《马太受难曲》（1729）；但巴赫也写世俗音乐，比如《布兰登堡协奏曲》（1721）。他的儿子 **C. P. E. 巴赫**和 **J. C. 巴赫**成为 18 世纪重要作曲家。

乔治·弗里德里希·亨德尔（1685—1759）于1710年来到英国。1732年科文特花园歌剧院在伦敦成立，亨德尔以创作了五十多部意大利风格歌剧而闻名。他还写了二十部清唱剧，其中《弥赛亚》（1742年在都柏林首演）最为著名，还有一些为皇家庆典所做的音乐。**约翰·盖伊**（1685—1732）在戏剧《乞丐的歌剧》（1728）中讽刺了意大利风格歌剧的时髦，其中融入了当时流行的街头歌谣。

弗朗茨·约瑟夫·海顿（1732—1809）受雇于埃斯特拉齐大公近三十年，他写了104部交响曲，80部弦乐四重奏，52部钢琴奏鸣曲，歌剧和合唱音乐。好几位*启蒙主义者*听过七岁神童**沃尔夫冈·阿玛迪乌斯·莫扎特**（1756—1791）在巴黎的演出。莫扎特死时贫病交加，但他在生命的最后几年中写出了杰出的交响曲和伟大的歌剧——《费加罗的婚姻》（1786）、《唐·乔万尼》（1787）、《女人心》（1790）和《魔笛》（1791），这些作品都极具启蒙特点。

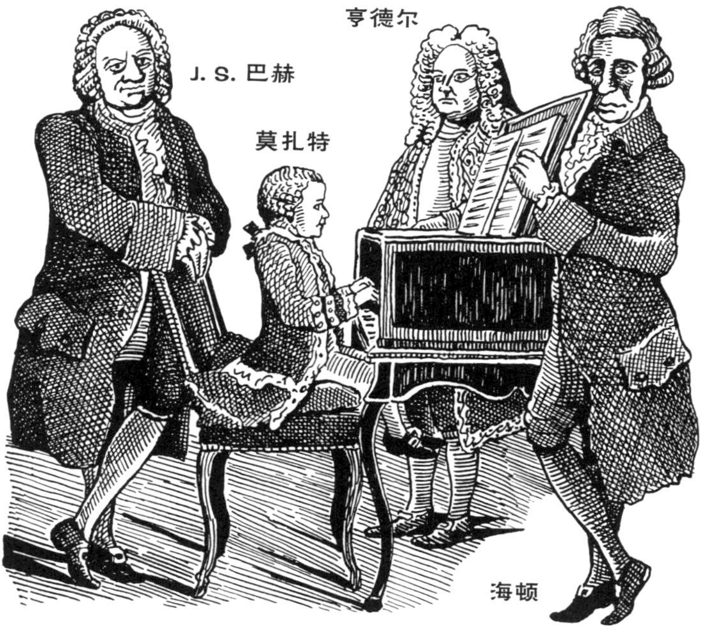

野蛮人卢梭

卢梭慢慢变成了“文雅世故”的全方位敌人。不光是他对富人的敌意很明显（这让伏尔泰害怕），而且这敌意逐渐发展到针对*启蒙主义者*对智性财富的炫耀。

到 18 世纪 50 年代中期，卢梭变得越来越厌恶霍尔巴哈的圈子和巴黎这个地方。他和其他*百科全书派*有过几次激烈的争吵。他厌烦“沙龙、喷泉和爱炫耀的无聊人物”，厌烦“宣传手册、古钢琴、牌局和愚蠢的名言警句，还有那些讲段子的和开饭局的”。（1756）

内在之旅

“我遇见过许多在卖弄哲学上比我强的，但他们的哲学依然是外在的。他们希望比别人知道得多，就研究宇宙的运作原理，就像他们出于好奇也会研究用过的机器一样。他们研究人性是为了能够渊博地谈论之，而不是为了理解自身；他们的努力是为了指导他人而不是为自身的内在启蒙。”

他们中的有些人只想写书，随便什么书，只要能成功就行。

卢梭的忏悔录

卢梭代表了另类启蒙的华丽个案，获得了无数听众，因为他把他的理念装进了畅销小说《新爱洛漪丝》（1761），之后又写了一本像小说一样好读的教育著作《爱弥儿》（1762）。读者大众热切地盼望读到另一个故事——他的生平。

1762 年 1 月卢梭开始给马勒泽布写信讲述自己的生平，这就是《忏悔录》（1781—1788）的核心部分。

我不害怕被人看到本来面目。我知道我的缺点，也很清楚我的罪恶，但我死时对全能的上帝充满希望，因为我这一生认识的所有人，没有一个敢说他比我好。

*启蒙主义者*是一群温文尔雅、世俗的群居社交生物。卢梭则一直燃烧着宗教之火。*启蒙主义者*努力去定义并捍卫一种现代的、公共的新德行准则，卢梭将**自己的**良心设为道德问题的唯一检验标准。

狄德罗向朋友们警告过这种主观主义的危险。

我非常清楚，不论你做了什么，你总是可以让良心为自己作证……但这样的证词就足够了吗？它是否会在相当程度上忽略别人的良心呢？

卢梭对内在自我的强烈关注是偏执狂的前兆。但即便偏执的人也会被迫害。卢梭遭到真正的迫害后偏执的病情加重了。有一次他的房子被人用石头砸，他躲到圣皮埃尔岛上去避难，却被伯尔尼当地官员给驱逐了。

后来在巴黎，好心的大卫·休谟主动帮助他在英国找到避难所。1766年他们动身前夜，霍尔巴哈警告了休谟。

卢梭的妻子特蕾泽起先没有跟他去伦敦。休谟得知她的旅伴是臭名昭著的浪荡子詹姆斯·鲍斯威尔（《约翰生传》的作者）后，十分担心这会“损害我朋友的清誉”。我们可以从那位种马男口中坐实休谟的担忧。

第一个浪漫主义者

正如卢梭向马勒泽布所解释的："我要去森林里找野景。"他的灵魂陶醉在巨大孤袤的空间里。"我不思考，不想理性。我带着一种情欲去感受自我，为宇宙的本质着迷……一种甜蜜而深沉的幻想占据了所有感官，于是你沉迷了，美妙地陶醉在你生存的伟大系统的巨大无垠之中；接着你对一切个体之物都视而不见，只看到并感受完全的整体。"

亚当·斯密（1732—1790）

亚当·斯密和他的朋友大卫·休谟一样，是苏格兰启蒙运动的关键人物。他出生于福斯湾的村庄柯卡尔迪的一个小康之家，是独养儿子。他的父亲是海关官员，在他出生前几个月去世，亚当一直和母亲很亲近。四岁生日前，他被一群吉卜赛人给拐骗了，花了不少时间才回家。

1740 年斯密拿了学生奖学金进入牛津的贝利奥尔学院，但他形容牛津“满是尊贵和偏见”。

在牛津大学这许多年，教授们早已放弃了大部分公众，连假装教课也不装了。

斯密在格拉斯哥的老师，哲学家**弗朗西斯·哈奇生**（1694—1746）给他带了一本休谟新近出版的《人性论》，结果被大学给没收了。

回到苏格兰后，斯密举办了一系列英国文学的公开讲座，这是全新的主题，听众一百人，每人付了一基尼。1750—1751 年他提出上经济学公开课，这在牛津的道貌岸然的课堂上闻所未闻。格拉斯哥大学给了斯密教席，先是逻辑学教授，然后是道德哲学教授。

格拉斯哥的市长安德鲁·科克伦新成立了政治经济俱乐部，邀请斯密成为会员。

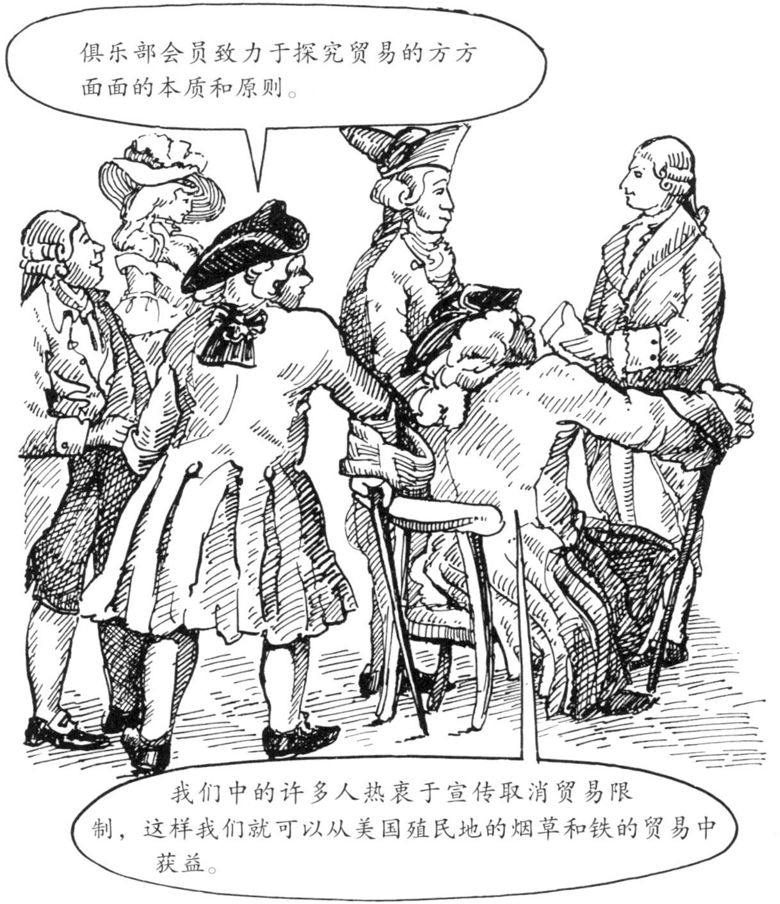

道德情操论

斯密的第一本书《道德情操论》（1759）是对哲学伦理的本质及心理的明晰探究。它展现了斯密应对复杂问题的熟练技巧。他用“内在的我”这一简洁概念描述了道德情操，“内在的我”就是存在于我们每个人身上的**公正旁观者**，以他人的眼光来评判我们做的每件事。

大卫·休谟从伦敦写信汇报了朋友这本新书的成功。

公众热情地喝彩。蠢人们迫不及待地到处搜寻它；文人集团已经开始大声赞扬了。

斯密为了给年轻的布克莱公爵当老师，辞掉了格拉斯哥大学的教职，还特意陪公爵游历欧洲。斯密在日内瓦见了伏尔泰，在巴黎见了好友大卫·休谟，还加入了**弗朗索瓦·魁奈**（1694—1774）建立的相当于政治经济俱乐部的法国组织。魁奈是国王的医生，由蓬巴杜夫人介绍进宫。

魁奈是国王的经济问题权威，60岁时开始动笔写经济学。

魁奈的经济学学生后来成为著名的重农主义者，他们相信是生产而不是交换创造了财富，为积累提供了剩余产品。亚当·斯密在欧洲十分安心，继续写作他的巨著《国富论》。

国富论，1776 年

斯密的《国富论》从著名的图钉厂案例开始，其原型是格拉斯哥的图钉铁厂，斯密在读书时就很喜欢去那里参观。劳动分工使得十个工人每天可以生产出四万八千枚图钉。

劳动生产力的最大改进就是劳动分工的效果。
fig. 2
fig. 3

斯密反对来自政府的任何干预行为，他认为供求关系有自然动态。自由贸易是他的政治经济学的基石。他的著作为消灭关税和垄断提供了论据，从个体出发鼓励自由市场。从这些观点上看，斯密与重农主义者提倡的不干涉政策一致。

看不见的手

在斯密的叙述中，市场关系鼓励个人自由，也鼓励国家自由。通过关键市场交易（劳动力的买卖），出卖劳动力的穷人可以自由商谈薪水，离开恶劣的工作环境，寻找更好的条件。

即便个体劳动者——事实上是作为整体的劳动阶级——经历了相对的不平等的扩大，但他们在整体生活水平上也有绝对的提高。所以尽管整个系统建立于个体追求个人利益之上，但总有一只“看不见的手”在促进社会的整体利益。即便社会中存在不平等，最穷的人也应享有最低保障。

斯密和卢梭

斯密承认劳动分工有阴暗的一面。劳动者被限制在几项极为简单的操作中，最终肯定会变得“十分愚蠢无知”。他对非人化的叙述在准确度和清晰度上不输于任何现代性工业异化的叙述。

只要人们愿意，就可以和“社会上的混乱争抢”保持距离。《道德情操论》早已提出了一种态度，学会从公正的旁观者的角度来判断我们自身的行为举止是否得当。

斯密和卢梭所呈现的人类历史都包括了经济和道德的交织，从野蛮人的简单过渡到现代世界的私有财产、世故文雅和不平等。

斯密构想的原初“自然状况”是极度匮乏的。人类自由只可能从历史的螺旋式发展中获得，生产合作和交换导致了劳动力分工，创造了剩余产品。

亚当·斯密论理想中的市场：“在丰裕的或商业社会，思想或是理性应像其他生意一样成为一种特定行业，由一小群人运营，为劳动大众提供他们所需的思想和理性。普通人的知识中，只有极小部分来自于个人观察或反省。其他知识都是从生产并向市场提供特定知识的商人那里购买的，就像买鞋或是买袜子。”

塞缪尔·约翰生（1709—1784）

约翰生出生于利奇菲尔德的一个书商之家，他在进牛津之前已经饱读诗书，但家贫使他中途退学。1764 年他终于得到了博士学位，成为“约翰生博士”。

约翰生博士生活相对清贫，在伯明翰当记者和翻译为生，1737 年来到伦敦定居，终于成为重要文人。1747 到 1755 年他撰写了最有抱负的巨作《英语词典》，独自完成了逾四万个条目。他对文学典故的旁征博引是一项真正的创新。在 1884 年《牛津英语词典》问世之前，约翰生的《英语词典》一直保持着最权威的地位。

1763 年野心勃勃的苏格兰青年**詹姆斯·鲍斯威尔**（1740—1795）来到伦敦，特意结识这位伟人。

我在《约翰生传》（1791）中令他不朽，此书是二十年亲近却不平等的友谊的结晶。

1764 年约翰生创立了“俱乐部”，与画家约书亚·雷诺兹爵士、国会议员埃德蒙·伯克和剧作家奥利弗·戈德史密斯谈笑风生。

斯密加入约翰生博士的文学俱乐部

1773 年春亚当·斯密来到伦敦，带着他觉得接近完成的《国富论》手稿。他和约翰生博士、埃德蒙·伯克、爱德华·吉本、大卫·加里克、约书亚·雷诺兹爵士和奥利弗·戈德史密斯一起吃饭。

本杰明·富兰克林（1706—1790）

本杰明·富兰克林也是启蒙运动的原型，自成一格：他出生于偏远地区（“高贵的野蛮人”），自学成才成为顶尖科学家，对一切事物感兴趣。他的光电实验成为迷恋科技新力量的年代的重要象征。几十年来，富兰克林持续出版《穷查理年鉴》，这是百科全书、日记和寓言集的结合体，旨在自我帮助和自我提高。

富兰克林在巴黎沙龙圈以真正的*启蒙主义者*和科学家著称，这可远早于美国独立战争在欧洲激起的兴奋和影响。

美国独立战争

18 世纪的美国无限乐观地相信发展和公平机会，这似乎是在以行动落实启蒙精神。

人权宣言

美国殖民地居民并不情愿起义。几十年来他们小心翼翼地向英国政府递交请求和论证，只要求与本土英国人享有同等自由。

最终他们被迫开始了独立战争。《独立宣言》朗朗上口，叫人过目不忘，开头就是对约翰·洛克在英格兰的“光荣革命”时所提出的诸原则的重申。

“我们认为下述真理是不言而喻的：人人生而平等，造物主赋予他们若干不可让与的权利，其中包括生存权、自由权和追求幸福的权利。”

约翰·洛克只提到了生命、自由和*财产*。但在“机遇之乡”，即便没有太多财产的人也能追求自己的幸福。美国那些不情愿的革命家是幸运的。他们从未遇见饥荒场面和大批失业群众。在新大陆哪怕穷人也能靠勤劳苦干摆脱悲惨的窘境，而在欧洲则无可能。

本杰明·富兰克林见识过巴黎最穷人的处境，这让他经常想到“新英格兰的幸福生活……”

……这里每个人都有不动产，对公共事务有投票权，住在整洁温暖的房子里，衣食无忧……

在旧世界，两千万人中有一千九百万人受穷，其悲惨处境要比整个美国最倒霉的人还要差得多。

穷人和奴隶

新世界并不是没有穷人。事实上，美国国父们都认为贫富差异是永远无法消弭的。但这样的定见并没有阻碍他们继续革命。在后来的法国大革命中，社会上最穷的那些人的诉求帮助实现了雅各宾恐怖统治时期的极端暴力。

《人权宣言》的主要作者托马斯·杰弗逊和其他开国元勋一样，是奴隶主，但他对一个建立在普世权利上的国度依然存在着奴隶制而深感不安。

每当我想到上帝是公正的、他的公平不可能永久休眠，我就为我的国家而颤抖。奴隶主和奴隶之间的关系是专制主义的。命运之书上不可能有什么比这更肯定的了，这些奴隶终将得到自由。

谴责奴隶制

启蒙运动的几位代表人物都效仿孟德斯鸠的楷模，谴责奴隶制与文明人不相称，与共同人性的启蒙信仰背道而驰。

不过，有原则地反对奴隶制主要还是靠贵格宗、循道宗和圣公会的传教士，他们谴责蓄奴行为是罪恶的。1787 年英国成立了废奴社，一年后法国也成立了“黑人之友会”。

捍卫奴隶制

在社会的各个层面，捍卫奴隶制的声音往往比大家普遍以为的要更响亮。詹姆斯·鲍斯威尔在写到约翰生反对奴隶制之后，请求能够表达他自己的“最严肃的抗议”，因为他“尊重奴隶买卖”：

“要废除一种在任何时代上帝都允许、人类在继续的现状，不但是从我们阶级的无数人身上抢劫；而且对非洲蛮人也异常残酷，因他们总算可以逃离大屠杀，摆脱与他们国家的不堪忍受的枷锁，过上幸福得多的日子；尤其是现在他们可以去西印度群岛，待遇会得到人性化的规范。”

伊曼努尔·康德（1724—1804）

德国启蒙运动姗姗来迟，但却贡献了一位哲学巨人：伊曼努尔·康德。他起初继承的是形而上学传统，这是被以经验为主的法国*启蒙主义者*所排斥的。康德的观念在巨著《纯粹理性批判》（1781）中成熟，该书系统性阐述了形而上学的局限，并为我们从自然科学中汲取的知识提供了批判性基础。

我还想为卢梭所说的道德和
伦理的演化提供基础。

康德努力想要调和导致了卢梭与*百科全书派*失和的紧张问题。康德将按科学方法可以学习的——也就是**现象**或表象的领域，与道德律的内在或**本体**的领域截然区分，但这一紧张依然存在。

康德信奉理性、和平和发展，他的研究之广度使他跻身顶尖*启蒙主义者*的行列。但康德关键性作品的德国特点又与*启蒙主义者*的倾向相反，康德想要创造一个完整而全面的哲学体系。康德认为他的体系扫清了之前所有形而上学的困惑，结果就是“18 世纪结束之前”人类很可能会获得真理。

批判之路依然开放。如果读者善意地耐心地、在我的陪伴下走这条路，现在他应该可以判断……之前许多个世纪未能达到的目标是否可以在本世纪结束前达到：也就是完全满足人类理性的好奇心，但这点至今徒然。

什么是启蒙？

到 1784 年，启蒙时代已经近百年了。一本德国杂志《柏林月刊》请读者们回答一个问题：什么是启蒙？几位顶尖德国知识分子做了回答，已是著名哲学教授的康德也是其中之一。

启蒙是人类挣脱自我施加的不成熟。这里的不成熟是指人不听从别人的指挥就无法使用自己的智力。

“敢于去知道！勇于用你自己的理性！”这是康德的启蒙座右铭。康德的话代表了 18 世纪许多顶尖知识分子和学者的共同观点。他继续追问，什么样的政治限制会阻碍启蒙？

*必须能够永远自由地***公开运用自己的理性***，光凭这一点就可以为人类带来启蒙。*

如果我们被问到“我们现在生活在开明时代吗？”回答是否定的，但我们的确生活在启蒙时代。

反启蒙

启蒙运动如此成功，以至于不认同启蒙视野或不带启蒙偏见的人在 18 世纪下半叶已经无处可寻了。对理性自信的反对声不光来自于正统宗教，也有“醉心上帝”的幻想家,如哈曼和布雷克,他们有着隐秘但持久的影响。

没有人比**威廉·布雷克**（1757—1827）更加激烈地反对“理性邪教”的普及了。布雷克对法国大革命的热情程度与他对工业革命的痛恨程度不相上下。他痛斥那些“阴暗的、撒旦的工厂”以及其中挤在一起的大量工人们的悲惨处境。1789 年法国大革命之年，威廉·布雷克发表了《天堂与地狱的联姻》，一部反理性智慧的诗意指南。

布雷克为约书亚·雷诺兹爵士的《谈话录》做了注释，激烈地反对启蒙运动对于想象力的阐述。据布雷克说，雷诺兹以埃德蒙·伯克论崇高的论文为基础，而伯克的论文又基于培根和洛克的哲学。

他们嘲笑灵感和想象力。灵感和想象力曾经是，现在是，而且我希望它们永远都是我的组成部分，我的永恒栖息之地……热情是头等大事！培根的哲学毁了英格兰，毁了艺术和科学。

“……愿上帝保佑我们远离单一视角和牛顿的沉睡！”——1802年11月22日威廉·布雷克写给托马斯·巴茨的信

布雷克用启示录般的语言表达了自己的远见，分析了一个致命的机械化社会，物质主义和决定论的观念将人简化成机器。

“我放眼看欧洲的学校和大学，
看到的是洛克的纺织机在织着可怕的纱，
然后牛顿的水车来清洗：把布染黑
每个国族都被这沉重的车轮所压：
我看见许多轮盘转动的残酷，
暴虐的齿轮挤压着彼此转动……”

乔治·哈曼（1730—1788）

1768 年康德在科尼斯堡的朋友、英国商人格林先生的花园里说，天文学已经如此完美，以至于不可能再有新的假说。康德的心态反映出对秩序的渴望，对于科学的发展自然会鼓掌喝彩，感觉科学已经接近于可以解决所有的谜团。而康德在科尼斯堡的另一个熟人**乔治·哈曼**可不这么看，他不但反对科学进步，而且像布雷克一样想要彻底摧毁之。

“北方占星家”哈曼攻击启蒙运动所珍视信仰的每一条原则。他觉得自己是大卫，必须反抗启蒙巨人歌利亚。他是反理性主义的真正先驱，丹麦哲学家**克尔凯郭尔**（1813—1855）对他极为崇拜。

我审视哲学上的最佳示范，就像一个敏感的姑娘看一封情书——满心欢喜又带着怀疑。

【哈曼写给康德的信】

语言：理性的工具*

布雷克对启蒙运动贬低想象力十分不满，哈曼则认为启蒙运动忽略了语言的作用简直荒谬十足。

所有对理性的闲谈只是耳旁风而已……不光是人类的思考能力依赖于语言，而且正是语言使得理性误解了自身。

没有语言，我的理性就不可见。

我越来越怀疑，语言构成我们整个哲学的分量要比理性更重，无数词语造成的误解，武断的抽象带来的人格化，造成了满世界的问题，试图去解决它们跟试图去创造它们一样是白费工夫。

---

* organon，研究的方法或工具。

狂飙运动

尽管启蒙运动得到了普鲁士的腓特烈二世的鼓励，但它在东拼西凑的德语公国中并没有走远。德语区的启蒙运动起先得到了一群“愤青”的推崇，他们引领了一种抗议、激烈情感和狂暴的风尚。今天被称为“狂飙突进运动”的名称取自**弗里德里希·克林格**（1752—1831）的戏剧《困惑，或狂飙与突进》，当时被称为“天才时代”。它始于哈曼的《苏格拉底言行录》（1759），仅在1770年代风光一时。

我被激情撕成了碎片，这样的激情会淹没任何人……每一刻我都想把人类和所有会呼吸的生命扔向混沌任其吞噬，然后把我自己也扔进去。

狂飙运动的伟大小说是**约翰·沃尔夫冈·歌德**（1749—1832）的《少年维特的烦恼》（1774），其中那位多愁善感最后自杀的主人公维特迷住了欧洲大部分受教育人群。

我退守自我，于是找到了整个世界，虽然这世界充满了不祥之兆和阴影碎片，缺少轮廓鲜明的形象。
少年维特的烦恼

这本小说以及整个狂飙突进运动深深受到了卢梭的影响。运动中的年轻人鄙视启蒙主义者倡导的理性主义，接受了卢梭的道德主义和他的自然宗教。

等到他们长大，他们中的代表人物成为德国古典主义的巨匠。再年轻的一代作家（与他们在相同的圈子）成为德国浪漫派。

费尔奈的伏尔泰

伏尔泰明智的投资和在写作上的成功为他带来了大量财富。他再次安家法国，不过是住在边境方便随时逃走的地方。他在日内瓦附近的费尔奈拥有一块土地，建造了一座优雅的庄园。

自 1760 年起伏尔泰在费尔奈接见各国宾客。他的庄园成了欧洲景点，每个有教养的游客都应“到此一游”。伏尔泰抱着改变社会的希望，继续把恶评、论文、报纸文章和评论结集成廉价的小书，兜售给公众。

二十卷的大开本书永远不会激发一场革命。小书才叫人害怕，它们可以装在口袋里，方便携带，而且只要三十个苏就能买到。如果《福音书》要花 1200 塞斯特斯才能买到，基督教永远不会诞生。

一个人的大赦国际

我们能读到的伏尔泰的文字大概有一千五百万字——足够变成二十本《圣经》了。伏尔泰下定决心不光要当文人：这点上他和孟德斯鸠、狄德罗和卢梭不一样，那几位都满足于通过文字来启蒙世人。

被压迫的无辜者总能打动我；迫害他人的行为让我感到愤怒。
我最伟大的工作是做了一点好事。

伏尔泰发现离他庄园不远的地方依然有农奴，于是写文章支持解放农奴运动。尽管他不停地支持言论自由和宗教宽容的运动，他并不是一位真正的社会改革者。他关心个体失败者，为任何他认为受到了不公平待遇或宗教偏见迫害的人说话。一位仰慕者写过，伏尔泰的态度可以归纳为："我不同意你说的话，但是我誓死捍卫你说话的权利。"

"自由意味着什么？"伏尔泰问道。"自由意味着正确地讲道理，明白人的权利；人们知道得越清楚，就越能保护自己。"

下等人

有一个话题是伏尔泰不那么确定的，其他*启蒙主义者*也一样：如何对待大众。狄德罗的一本小册子提供了一种沮丧的观点：暴民的存在是无法改变的事实。政治理论提出的**教育**机会和风险的种种问题，没有人正面面对，更别说去解决了。“人民太愚蠢，太野蛮，生活太悲惨，也没时间去自我启蒙。”1759 年 10 月 30 日狄德罗给索菲·福兰德的信里这样写道。《百科全书》的“*百科全书*”条目是发表此类评论的好地方，狄德罗写道：

> 人类的大多数既不会跟随、也不会明白人类精神的征途。
>
> 世界上可居住地区的大部分居民都是两条腿走路的动物，他们的生活环境和自然野地差不多可怕……对生存和死亡并没有太多了解。

我对下等人不太关心；他们永远会是下等人。

伏尔泰无法预见，他在 1767 年贬斥的这群乌合之众用深仇大恨教育了下层社会，为即将到来的法国大革命滋养了大批极端的共和党人——长裤汉。

旧制度的危机

1774 年年轻的路易十六登基，他任命的第一批朝臣中有*启蒙主义者***安－罗伯特·雅克·杜尔哥**（1727—1781），杜尔哥在担任公职时口碑很好，他设计了一套经济改革计划。

不到两年杜尔哥就被解雇了。*启蒙主义者*们感到十分沮丧。半个世纪来他们都在期盼争论和批评能够孕育出一种改革精神。但即便杜尔哥这样受人尊敬的经验丰富的人物，也无法抵挡反动力量的围攻。伏尔泰说：“伟大的杜尔哥被解雇了，让我心碎。自从毁灭性的那一天起，我没有过问过时事，或与任何人交谈。我耐心地等着人们来割我们的喉。”

法国大革命

1789 年，路易十六绝望地试图对付经济危机，被迫召开三级会议，这是法国社会三种阶层（教士、贵族和平民）代表的全国性大会。三级会议已经有 175 年没有召开过了。大会应如何进行引发了激烈的争吵，接着群情激奋，最终导致了革命。平民退出，创建了自己的国民大会。

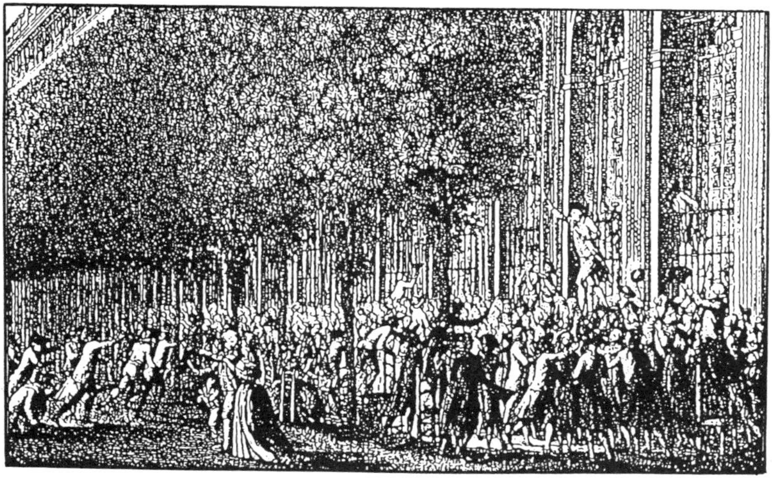

1789 年 7 月 14 日，巴黎群众冲进了巴士底狱。到 8 月底，传统的法国封建贵族的特权已经被扫荡一空，“人权宣言”成为法律。人的自然权利得到了伸张，神圣而不可让渡：“……自由，财产，安全和反对压迫。”

在宣言中，启蒙理想被吸纳并推向世界。接下来的十年中，法国被革命的暴力席卷，迫于欧洲其他国家的攻击而不得不自卫。1799 年拿破仑上台，意味着大革命转守为攻，启蒙运动的遗产也随之变味。

启蒙运动的结束

很少有开创了启蒙运动的启蒙哲学家能活着看到法国大革命。革命的参与者是年轻人，其中极端的雅各宾派领袖如**马克西米利安·罗伯斯庇尔**（1758—1794）和**路易－安东·莱昂·德·圣茹斯特**（1767—1794）实施了恐怖统治（1793—1794），他们都自视为卢梭的信徒。

罗伯斯庇尔在 1794 年 5 月 7 日的一次演讲中为卢梭复仇，抨击了那些据称迫害过他的*启蒙主义者*们。

卢梭曾经说美德是“简单灵魂的高贵科学”；他的小说《爱弥儿》开篇即是：“出自造物主之手的东西，都是好的，而一到了人的手里，就全变坏了。”

让 – 雅克被封神

卢梭在世时许多人避之唯恐不及，而 1778 年他去世后不久，却已获得了不朽的光环。日内瓦竖起了卢梭的雕像。1781 年卢梭的歌曲集出版，其收入以他遗孀的名义捐给了孤儿院。订阅该选集的人物有玛丽 - 安托瓦内特皇后和本杰明 · 富兰克林。

卢梭的妄想病令他坚信有嫉妒成性的*启蒙主义者*在迫害他，这使许多作家也产生了类似念头，认为巴黎文学界不待见自己。卢梭成了文学下层的圣人，被罗伯斯庇尔和其他激进派奉为楷模。曾经被蔑视、虐待、漂泊无依的卢梭，一下子成了他们的慰藉和先知。

理想的共和国

巴士底狱陷落一年后，1790 年 7 月 14 日的庆典上，让 - 雅克的半身像顶着桂冠在巴黎的大街小巷巡游一番，身边有六百名白衣少女和军队守卫，他们的枪上都绕着花环。10 月，卢梭的骨灰从埃尔芒翁维尔运到巴黎，供奉于万神殿。

*启蒙主义者*们虽然完全没有预见到政治行动和公共辩论的发展态势，但一切都受到了他们的启发。然而革命遭遇了外部的战争威胁；穷人请愿者的愤怒要求令内部变得不堪一击。很快一切原则都要臣服于国家的生存。共和国带来了民主的权利，为城市贫民的利益考虑而增设了价格控制，以反对“共和国的敌人”为名开始了恐怖统治。

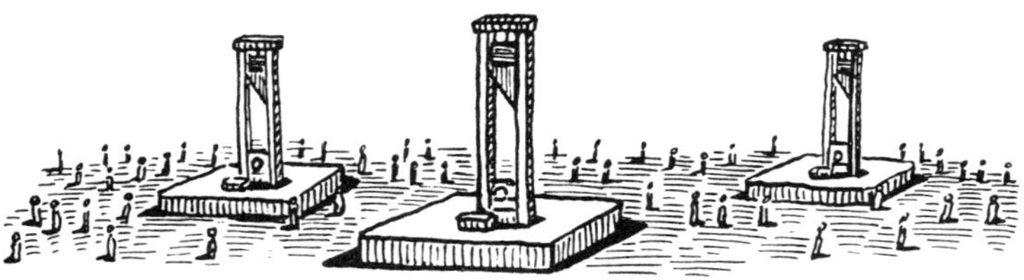

卢梭的哲学分析尽管有激进的一面，但他自己绝不是政治活动家。他预见到了政治动荡，并对此十分害怕。罗伯斯庇尔和圣茹斯特以为自己忠于卢梭，把革命中的法国视作卢梭梦中的理想城的人间实现。现实中挣扎的共和国成了新“道德”社会的栖息地。

1794 年 4 月到 6 月间，革命法庭把一千四百余人送上了断头台。

启蒙工程——完成了还是没完成？

启蒙的原则是秩序和进步，自信能够控制自然和历史，相信常识和普世人性，这些原则有时听上去华而不实，问题重重，甚至有误导的危险。19 世纪的浪漫主义和革命觉醒讽刺了这些原则。而我们自己身处后现代世界，用让 - 弗朗索瓦·利奥塔的名言来说，就是见证了“宏大叙事”的崩塌，而“宏大叙事”正是那些横扫千军之原则的庙堂。那么启蒙工程是结束了，还是未完成？

法国大革命波及整个欧陆，被视作最深远的精神和智性危机。启蒙知识分子们标志性的共同目标感被分裂和冲突所取代。浪漫主义（以及黑格尔的哲学）将决裂和更新的时刻精神化了（且和谐化了）。19 世纪继续着“宏大叙事”，尝试用实证主义、社会主义和进化论的新科学范式重构逐渐发展的连续性，这些主义被认为是真正“现代性的”。

启蒙时代的人们将自己定义为“现代”，也是第一批详细探索现代之意义的人。他们的现代性有一种接近幼稚的天真。从 1789 年的大革命到 1989 年的“不流血”革命，现代性在经历了几百年的剥削、战争和殖民侵略后，依然与流血和恐怖苦苦纠缠。难怪近几十年的知识分子要尝试再营造一种天真感和玩笑感，然后叫自己“后现代”。

我们的时代不是一个开明时代。原教旨主义、迷信、玩世不恭和恐惧似乎在不断扩张。但我们仍是启蒙运动的后代。我们所处的情境也许更复杂，我们的智性资源更精致，但我们面临的困境对狄德罗、伏尔泰或卢梭来说并不陌生。狄德罗和其他人肯定会说：一个人必须敢于面对问题，依赖人类反省的力量，随时准备着重新思考一切。

“自 18 世纪起，哲学和批判性思维的核心问题一直是……我们使用的理性到底是什么？它的历史效应是什么？它的局限和危险在哪里？”

米歇尔·福柯在题为“空间，知识和权力”的访谈中这样说（1982）

德国社会理论家哈贝马斯可能是启蒙工程的当代关联性最有力的捍卫者。

“启蒙思想家们依然对艺术和科学有奢侈的期待，认为它们不仅能提升对自然力的控制，也能进一步理解世界和自我，推进道德进程、体制公正，甚至人类的幸福。20 世纪击碎了这种乐观主义……我们应该继续保持启蒙运动那脆弱的初衷吗？还是直接宣布整个现代化工程注定要失败？”

—— 哈贝马斯“现代 vs 后现代”

《新左派批评》22 期（1981 年冬季号）

许多当代思想家警告任何对启蒙运动之希望和抱负的过于草率的认同，波兰出生的社会学家齐格蒙特·鲍曼是其中之一。鲍曼将“现代性”视为知识分子所持有的激进姿态的漫长历史，这些知识分子宣称他们要为整个社会立法，由此“解决”“现代性”抛出的问题（例如，商业、技术和碎片化社会的演化）。鲍曼认为寻求“解决方案”和知识分子“立法者”的傲慢在许多现代性的恐怖事件中都能窥见踪影，比如大屠杀。在鲍曼的叙述中，转向“后现代主义”的正面因素是承认我们必须学会忍受社会变化和社会问题，知识分子可以扮演一种更谦虚但更有帮助的角色——担任我们这令人困惑的世界的“解释者”。

我们可以与启蒙运动友好相处。激进的后现代反思把我们带回了启蒙时代，从中我们能够认出我们理解世界的方式的基础。那个时代正如我们的时代，确定性和长期的稳定被消解。我们需要它的示范，正如启蒙思想家需要他们热爱的罗马人西塞罗和塞内加的示范。当他们挣扎着使用世俗语汇重新思考世界时，狄德罗为罗马帝国衰亡年月中的最后几位伟大思想家而着迷。正如孟德斯鸠所言：古代人是“活的书”——他们*懂得*历史，而现代人仅仅*拥有*历史而已。

延伸阅读

启蒙时期的主要作品都有英译本：狄德罗的 *Rameau's Nephew* 和 *This as Not a Story*（Oxford UP, Oxford & New York 1993）; *Selected Writings on Art and Literature*；伏尔泰的 *Letters on England* 和 *Candide*（Oxford UP, Oxford & New York 1990）；卢梭的 *Reveries of a Solitary Walker* 和 *Discourses*；孟德斯鸠的 *Persian Letters*；休谟的 *Selected Essays*（Oxford UP, Oxford & New York 1993），以上除了三本由牛津大学出版社（OUP）出版外，都由 Penguin UK/Viking USA 出版。

文集

启蒙文献中有许多文集。我最喜欢的是 *The Portable Enlightenment*, ed. I. Kramnick（Penguin/Viking 1995）；还有 *The Age of Enlightenment*, ed. L. Crocker（Macmillan, London 1969）; *The Age of Enlightenment*, 2 vols., ed. S. Eliot, B. Stern（Open UP, London 1979）; *The Age of Enlightenment*, ed. I. Berlin（Oxford UP, Oxford & New York 1979）。

综合类

Peter Gay 的 *The Enlightenment, an Interpretation*（1969）很好读（reissued by W. W. Norton, New York 1996: vol.1, *The Rise of Modern Paganism*; vol. 2, *The Science of Freedom*）。Ernst Cassirer 的 *The Philosophy of the Enlightenment*（1932）是十分值得一读的经典（Princeton UP, 1969）。Norman Hampson 的 *The Enlightenment*（Penguin, Harmondsworth 1968）带领读者清楚地看到了科学、社会和政治思想的变迁。Paul Hazard 的 *The European Mind 1680–1715* 和 *European Thought in the Eighteenth Century*（both Penguin, Harmondsworth 1968）也有许多惊喜。Dorinda Outram 的 *The Enlightenment*（Cambridge UP, Cambridge

& New York 1995) 和 Roy Porter 的 *The Enlightenment*(Macmillan Educational, Basingstoke 1990)综合了近期的学术成果。Dena Goodman 的 *The Republic of Letters*(Cornell UP, Ithaca & London 1994)讲述了法国启蒙运动的文化史。

传记

狄德罗的两本传记都获过奖，一本是 A. M. Wilson 写的(Oxford UP, New York 1972)，一本是 P. N. Furbank 写的(Secker & Warburg, London 1992)。还有两本较短的传记，分别由 Peter France(Oxford UP, Oxford 1983)和 Otis Fellows(G. K. Hall, Boston, Mass. 1977)撰写。Peter France 翻译过狄德罗的 *Letters to Sophie Volland*(Oxford UP, Oxford 1972)。

Gustave Lanson 的 *Voltaire*(1906)再版时加上了 Peter Gay 的序言(John Wiley, New York & London 1966)。H. T. Mason 写了一本较短的 *Voltaire, A Biography*(Granada, London 1981)。Nancy Mitford 的 *Voltaire in Love*(Hamish Hamilton, London 1957)写了伏尔泰的迷人情妇沙特莱侯爵夫人。

卢梭最好的传记是 Maurice Cranston 的三卷本 *Jean-Jacques; Noble Savage; The Solitary Self*(Allen Lane, London 1987, 1991, 1997 respectively)。Mark Hulliung 的 *Autocritique of the Enlightenment: Rousseau and the Philosophes*(Harvard UP, Cambridge, Mass. & London 1994)是杰出的研究著作。Robert Wokler 的 *Rousseau*(Oxford UP, Oxford 1995)也很精彩。Paul Johnson 的 *Intellectuals*(Weidenfeld & Nicholson, London 1988)一书中的卢梭一章也值得读。

R. Shackleton 的 *Montesquieu: a Critical Biography*(Oxford UP, Oxford 1969)依然是经典。*D'Holbach's Circle: an Enlightenment in Paris*(Princeton UP, 1977)讲述了支持最激进无神论的群体。

E. C. Mossner 的 *The Life of David Hume*（Clarendon Press, Oxford 1980）是标准的传记。*Wealth and Virtue: the Shaping of Classical Political Economy in the Scottish Enlightenment*, ed. M. Ignatieff & I. Hont（Cambridge UP, Cambridge 1983）探讨了苏格兰启蒙运动。Michael Ignatieff 的 *The Needs of Strangers*（Chatto & Windus, London 1984）一书中写休谟和鲍斯威尔、斯密和卢梭的章节都很精彩。

诠释和再诠释

很多文献讨论了启蒙时期的社会学。哈贝马斯研究文人共和国的 *The Structure Transformation of the Public Sphere*（Polity Press, Cambridge 1989）启发了许多讨论和对当时知识生活的历史研究。Lewis Coser 的 *Men of Ideas*（Macmillan, London & The Free Press, New York 1970）全面探讨了知识圈的群体生态，Robert Wuthnow 的 *Communities of Discourse: Ideology and Social Structure in the Reformation, the Enlightenment, and European Socialism*（Harvard UP, Cambridge, Mass. & London 1989）则提供了更详细的研究。

Robert Darnton 研究旧制度时期思想生活和理念传播的著作包括 *The Business of Enlightenment: a Publishing History of the Encyclopédie 1775–1800*（Belknap, Cambridge, Mass. & London 1979），*The Great Cat Massacre*（Penguin, Harmondsworth 1985），*The Literary Underground of the Old Regime*（Harvard UP, Cambridge, Mass. & London 1982），*Mesmerism and the End of the Enlightenment in France*（Harvard UP, Cambridge, Mass. & London 1968）和 *The Forbidden Best-Sellers of Pre-Revolutionary France*（Harper Collins, London 1996）。

可读性较强的法国大革命史有 Simon Schama 的 *Citizens: A Chronicle of the French Revolution*（Knopf, New York & Penguin, London 1989）。汉娜·阿伦特的 *On Revolution*（Penguin, Harmondsworth 1973）中探讨了

可能被划入所谓“启蒙”视角的美国和法国的革命。

Theodor Adorno 和 Max Horkheimer 的 *The Dialectic of Enlightenment*（1947）（Herder & Herder, New York 1972 & Allen Lane, London 1973）考虑了启蒙遗产的阴暗面。Max Horkheimer 的文章“对启蒙运动的几点评论”（1947）被翻成英文后收入 *Theory, Culture & Society* 的第 10 卷（SAGE Publications, London 1993），归纳了被阿多诺和霍克海默视作“弄巧成拙”的启蒙过程。Zygmunt Bauman 在 *Legislators and Interpreters*（Polity Press, Cambridge & Cornell UP, Ithaca 1987）和 *Modernity and Ambivalence*（Polity Press, Cambridge 1991）中重新探讨了这些主题。Jürgen Habermas 的 *The Philosophical Discourse of Modernity*（MIT Press, Cambridge, Mass. 1987 & Polity Press, Cambridge 1990）体现了启蒙的当代遗产。米歇尔·福柯的文章“何为启蒙？”（收入 *The Foucault Reader*, Pantheon, New York 1984 & Penguin, Harmondsworth 1991）讨论了康德同名文章的当代关联。

作者致谢

我要感谢纳塔尔大学英语系的Peter Strauss, Mike Vaughan, Mike Kirkwood和Tony Morphet。仅以此书献给我的朋友、一位真正的学者——Larry Welborn。

插画家致谢

我要感谢为此书的部分插图提供了灵感的艺术家：Chodowiecki, Huber, Moreau le Jeune, de La Tour, Carmontelle。我还要感谢Basia的帮助。

劳埃德·斯宾塞是利兹大学三一学院新闻系的高级讲师。他写过*Introducing Hegel*，目前正在写瓦尔特·本雅明的研究传记。

安杰伊·克劳泽是卡通插画家，为《卫报》《新政治家》《星期日电讯报》画插图。他也为*Introducing Hegel*画了插图。

索引